PROVENCE

Reisen mit MARCO POLO
Insider-Tipps

MARCO POLO TOP-HIGHLIGHTS

GORGES DU VERDON ⭐ **1**

Schwindelfrei solltest du sein, wenn du dich nah an die bis zu 700 m hohen Felsen des größten Canyons Europa wagst.

📷 *Tipp: Die spektakulärsten Fotospots: von oben der Balcon de la Mescla, von unten die Brücke Pont du Galetas*

➤ S. 86, Der Osten

COURS MIRABEAU IN AIX ⭐ **2**

Die Prachtallee von Aix bezaubert mit Straßencafés unter dem Platanendach.

➤ S. 89, Der Osten

NOTRE-DAME-DE-LA-GARDE IN MARSEILLE ⭐ **3**

Der Platz vor der Kirche hoch am Hügelhang bietet den schönsten Blick über die Stadt (Foto).

➤ S. 107, Marseille & Umgebung

LES BAUX-DE-PROVENCE ⭐ **4**

Die Ruinen der Burg, einst Zentrum der Minnesänger, beleben heute Cafés und Galerien.

📷 *Tipp: Halte 1,5 km vor dem Ort auf der D 27 in einer Kurve mit Parkbucht für den schönsten Blick auf das Dorf.*

➤ S. 69, Der Westen

CAMARGUE ⭐ **5**

Naturparadies im Rhônedelta: schwarze Stiere, weiße Pferde, rosa Flamingos.

📷 *Tipp: Vom Dach der Kirche in Saintes-Maries-de-la-Mer hast du einen 360-Grad-Panoramablick.*

➤ S. 70, Der Westen

SÉNANQUE 8

Völlig abgeschieden liegt mitten in Lavendelfeldern das eindrucksvolle Zisterzienserkloster.

➤ S. 78, Der Osten

MONTAGNE SAINTE-VICTOIRE 6

Weißer Felsen über roter Erde unter blauem Himmel: der Hausberg von Malerfürst Paul Cézanne bei Aix.

➤ S. 96, Der Osten

CALANQUES 9

Die spektakuläre Felsküste zwischen Marseille und Cassis: Natur pur am Rand der Großstadt.

➤ S. 115, Marseille & Umgebung

ROUTE DES CRÊTES 7

Atemraubende Ausblicke aufs Meer öffnen sich auf der Küstenstraße zwischen Cassis und La Ciotat.

📷 *Tipp: 4 km von Cassis auf der D 141 vom zweiten Parkplatz ein Stück auf dem Wanderweg zurückgehen.*

➤ S. 116, Marseille & Umgebung

PALAIS DES PAPES IN AVIGNON 10

Mitten im Herzen von Avignon erhebt sich die imposante Festung der Päpste aus dem Mittelalter.

📷 *Tipp: Den besten Blick auf den Palast hast du von der Insel Barthelasse beim Campingplatz; nutz die Morgen- oder Abendstimmung!*

➤ S. 58, Der Westen

INHALT

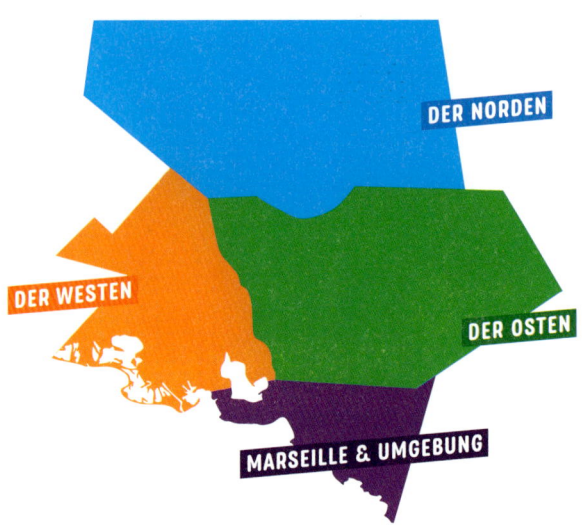

DER NORDEN

DER WESTEN

DER OSTEN

MARSEILLE & UMGEBUNG

	Besuch planen	![] Essen/Trinken	
€–€€€	Preiskategorien	Shoppen	
(*)	Kostenpflichtige Telefonnummer	![] Ausgehen	
		Top-Strände	

(⬚ A2) Herausnehmbare Faltkarte
(⬚ a2) Zusatzkarte auf der Faltkarte
(0) Außerhalb des Faltkartenausschnitts

BESSER PLANEN MEHR ERLEBEN!

Digitale Extras
go.marcopolo.de/app/pro

DAS BESTE ZUERST

Bilderbuch-Provence: stahlblauer Himmel über dem ockerfarbenen Roussillon

BEST OF ☂

BEI REGEN

SCHÖN, AUCH WENN ES REGNET

SÜSSE VERSUCHUNG
Eine Führung durchs *Musée du Nougat* der Firma Arnaud Soubeyran, die den berühmten Nougat von Montélimar produziert, versüßt auch einen Regentag. Nicht vergessen, die Köstlichkeit im Werkscafé zu probieren (Foto)!
➤ S. 43, Der Norden

LESESTÜNDCHEN
Wunderbar schmökern kannst du in bequemen Sesseln bei *Book in Bar* in Aix, einer Buchhandlung, die nur ausländische Bücher führt. Die Bar verwöhnt Durchnässte mit heißen Getränken und süßen Leckereien.
➤ S. 94, Der Osten

KURZSTUDIUM AN DER WEINUNI
Du interessierst dich für Wein? Oder fühlst dich zum Sommelier berufen? Die Université du Vin auf dem *Schloss von Suze-la-Rousse* bietet Wochenend- oder Tageskurse für Amateure an.
➤ S. 47, Der Norden

EINKAUFEN IN AIX
In den *Allées Provençales* im Zentrum von Aix schlägst du dem schlechten Wetter ein Schnippchen. Beim Bummel durch die Mode- und Delikatessengeschäfte sowie das Bücher- und Multimediahaus Fnac überstehst du zur Not sogar einen kompletten Regentag.
➤ S. 89, Der Osten

DURCH DIE GESCHICHTE KLICKEN
Über 4000 Filme und Fotos gibt es in der kostenlos zugänglichen *Mediathek des MuCEM* anzusehen. Katzenvideos sind zwar keine dabei, dafür aber historische Dokus, Filme über und von Künstlern aller Art und vieles mehr.
➤ S. 104, Marseille & Umgebung

FREMDE WELTEN
In Aix gibt es zwei *Programmkinos,* die Filme im Original mit französischen Untertiteln zeigen und dir damit die Augen für fremde Welten öffnen.
➤ S. 95, Der Osten

BEST OF

LOW-BUDGET

FÜR DEN KLEINEN GELDBEUTEL

TIEF IN DER SCHLUCHT

Normalerweise muss man für solch eine Tour einen ortskundigen Führer bezahlen. Aber der *Sentier Martel* ist so gut ausgeschildert, dass es dich allenfalls etwas Schweiß kostet, rund sieben Stunden lang als Wanderer das spektakuläre Naturschauspiel der Gorges du Verdon zu genießen (Foto).

➤ S. 35, Sport

SPAZIEREN IM KRÄUTERGARTEN

Die in den Felsen geschlagenen Terrassen des *Jardin des Herbes* in La Garde-Adhémar kosten keinen Eintritt – steig einfach hinunter in das blühende, duftende Paradies aus Heil- und Wasserpflanzen, Küchenkräutern und Rosen.

➤ S. 46, Der Norden

LIEGESTUHL IN DER SONNE

Am Strand kostet es einen Haufen Geld, sich einen Liegestuhl zu mieten. Auf der *Dachterrasse des MuCEM* in Marseille gibt es sie ganz umsonst –

oder du gehst rüber ins *Fort Saint-Jean*, wo auf dem Spazierweg überall Liege- und Sitzgelegenheiten aus massivem Holz aufgestellt sind.

➤ S. 104, Marseille & Umgebung

GRATIS PARKEN IN AVIGNON

Das Auto wird immer mehr zur Last in französischen Touristenorten, Parkplätze sind rar und teuer. In Avignon sind 1500 Plätze auf der *Rhôneinsel Piot* gratis und es gibt sogar einen kostenlosen Shuttlebus, der dich direkt zur Stadtmauer beim Papstpalast bringt.

➤ S. 58, Der Westen

SCHIFF AHOI

Um *Marseille vom Schiff aus* zu bestaunen, braucht man keine Kreuzfahrt zu buchen – es reicht ein Ticket der öffentlichen Verkehrsmittel *(rtm.fr)*. Zwei Touren stehen zur Auswahl: vom Alten Hafen in den Süden zur Pointe Rouge oder in den Norden nach L'Estaque.

BEST OF MIT KINDERN

SPANNENDES FÜR GROSS & KLEIN

SCHNI SCHNA SCHNAPPI

Wer es gerne warm und tropisch mag und Krokodilen, Schildkröten und anderen Kriechtieren auf die Schliche kommen möchte, ist in der *Ferme aux Crocodiles* in der Nähe von Pierrelatte genau richtig.

➤ S. 47, Der Norden

EIN WALD FÜR MULTITASKER

Schatzsuche? Barfußpfad? Land-Art-Werkstatt? Bitte sehr: Das sind nur einige der Angebote im *Forêt d'Émile Zarbre* an der Ardèche.

➤ S. 50, Der Norden

WAS IST ROSA UND STEHT AUF EINEM BEIN?

In den Naturschutzgebieten der Provence kann man gut Vögel und andere Tiere beobachten. Absoluter Renner dafür ist die Camargue mit den dort angelegten Lehrpfaden. Oft hast du die Wahl zwischen kurzen und längeren Rundwegen mit Beobachtungs-

posten. Im *Parc Ornithologique du Pont-de-Gau* sieht man an manchen Stellen sogar im Winter Flamingos.

➤ S. 70, Der Westen

HOCH HINAUS …

… geht es am Seil in die Bäume! Hochseilgärten mit Parcours für größere und kleinere Kinder gibt es gleich mehrere in der Provence, z. B. *Le Royaume des Arbres* zwischen Aix und Luberon. Nervenkitzel ist dabei garantiert und das Naturerlebnis gibts obendrein.

➤ S. 97, Der Osten

KLEIN PROVENCE (NICHT NUR) FÜR KLEINE

An mehreren Orten in der Provence kann man die *Villages Provençaux en Miniature* bestaunen. In diesen Miniaturdörfern und -städtchen mit Hunderten von Figuren und Tieren lässt sich stundenlang etwas entdecken, z. B. in La Petite Tuilière bei Grignan.

➤ S. 44, Der Norden

BEST OF

TYPISCH

DAS ERLEBST DU NUR HIER

**WIE MAN EINST
IN DER PROVENCE LEBTE**

Wirf in *Oppède-le-Vieux* einen Blick in die Vergangenheit der Provence. Das Dorf im Luberon war, wie viele andere nach der Landflucht im 20. Jh., fast ausgestorben – bevor Künstler und Handwerker es renovierten.

➤ S. 78, Der Osten

SCHAULAUFEN IN ALLER PRACHT

Der *Cours Mirabeau* in Aix ist das Musterbeispiel für eine Prachtstraße in der Provence. Auch du wirst deinen Spaß haben, wenn du zusammen mit den Einheimischen zum Schaulaufen unter Platanen antrittst!

➤ S. 89, Der Osten

DORFBISTRO

Das *Bistrot L'Absinthe* in La Garde-Adhémar ist ein Dorfgasthaus, wie man es sich vorstellt: Das freundliche Wirtspaar serviert einfache Gerichte aus Produkten der Region und gibt Ausflugstipps – und der Bouleplatz ist gleich nebenan.

➤ S. 46, Der Norden

RÖMERERBE

Das *Amphitheater* in Arles ist ein Beispiel dafür, wie unverkrampft die Provenzalen mit dem Erbe der Römer umgehen. Das mehr als 2000 Jahre alte Bauwerk gehört zum Alltag, ist Schauplatz für Stierkämpfe und Feste und hat nichts von monumentaler Stille (Foto).

➤ S. 64, Der Westen

VIOLETTE PRACHT

Lavandin gibt es überall, aber den echten *Lavendel* findest du nur in den Hochlagen des Luberon, der Hochprovence oder der Drôme Provençale. Die violette Pracht der Heil- und Duftpflanze erlebt am intensivsten, wer im Juli über das Plateau d'Albion von Lagarde-d'Apt nach Sault fährt.

➤ S. 20, Die Provence verstehen

SO TICKT
DIE
PROVENCE

Bilderbuch-Provence (leider ohne Duftfeld zum Aufrubbeln): Lavendelblüte

ENTDECKE DIE PROVENCE

Die meisten der Calanques bei Marseille erreichst du nur zu Fuß oder per Boot

Bei einem Vielseitigkeitswettbewerb würde sie wohl gewinnen: Trubel in den Städten und Stille im Hinterland, Tradition mit Zeugnissen der Römerzeit und moderne Architektur. Vom Skirevier mit Murmeltierkolonie zu weißen Felsen über türkisfarbenem Meer, vom Sumpfgebiet mit Flamingos zu Europas tiefstem Canyon hat die Provence für jeden Geschmack etwas zu bieten.

SONNE IM ÜBERFLUSS

Nicht zu vergessen die tatsächlichen Gaumenfreuden! Frisches Obst und Gemüse, Meeresfrüchte, Kräuter … und natürlich: die Vielseitigkeit der Weine! Das mediterrane Klima ist der große Trumpf der Region. Der Sommer hält, was sein Name verspricht. Und wird es einmal brütend heiß, sorgt der Wind für Erfrischung. Aber selbst im Winter sind in den Städten die Straßencafés für die kleine

um 600 v. Chr.
Griechen aus Kleinasien gründen Massalia (Marseille)

um 122 v. Chr.
Rom unterstützt Massalia im Kampf gegen die Kelten, zerstört deren Hauptstadt Entremont und gründet Aquae Sextiae (Aix)

1032
Die Provence wird Teil des Heiligen Römischen Reichs Deutscher Nation

14. Jh.
Klemens V. residiert als erster Papst in der Provence, seine Nachfolger lassen den Palast in Avignon bauen

1545
Ermordung 3000 protestantischer Waldenser im Luberon

Tasse Kaffee oder den Aperitif gefragt, denn auch in der kalten Jahreszeit scheint oft die Sonne. Schnupper im Tal der Rhône die klare Luft, der der alles beherrschende Mistralwind jede Trübung nimmt: Sie lässt das Licht auf weißem Kalkstein tanzen, gelbe Sonnenblumen oder blauvioletter Lavendel leuchten auf den Feldern.

LANGE (KULTUR-)GESCHICHTE

Die Provence zählt zu den ältesten zivilisierten Regionen Europas. Zu verdanken hat sie das den alten Griechen, die von Marseille aus ab 600 v.Chr. ein Handelsnetz quer über die Provence ausbreiteten. Zwar sind es heute vor allem römische Überreste, die man aus der Antike findet, doch von diesen umso mehr. Aber auch mittelalterliche Trutzburgen, anmutige Renaissanceschlösser und hochmoderne Architektur des 21.Jhs. fehlen nicht auf dem kulturhistorischen Programm.

Kein Wunder, dass die Provenzalen stolz darauf sind, eine eigene Sprache, Kultur und Geschichte zu haben, die sich vom Rest Frankreichs unterscheidet. Hier macht man eben gern sein eigenes Ding – Paris mit seinen politischen Ansagen und Regeln ist weit. Die Zeit tickt hier mediterran, nicht französisch. Und Zeit braucht, wer die Provence wirklich entdecken will. Zeit, wenn es in der Schlange mal etwas länger dauert, weil an der Kasse Neuigkeiten ausgetauscht werden, wenn der Busfahrer noch eben seinen Kaffee holt, wenn unter dem Dach von Platanen das Klacken der Boulekugeln den gemächlichen Rhythmus vorgibt.

So unterschiedlich die Einstellung der Menschen zu Politik, Umwelt, Arbeit usw. sein mag, eines eint sie alle: das Verlangen, nicht mit der Côte d'Azur in einen

nach der Verwüstung des Klosters von Sénanque

1943 Nach der Besetzung von Marseille durch die Wehrmacht wird das Altstadtviertel Saint-Jean von deutschen Truppen gesprengt

1947 Gründung des Theaterfestivals von Avignon und des Opernfestivals von Aix

2013 Marseille ist Europäische Kulturhauptstadt

2016 Bei der Neuordnung der französischen Regionen bleibt die Region Provence-Alpes-Côte d'Azur als eine der wenigen unverändert

Topf geworfen zu werden! Zwar ist heute administrativ gesehen alles in der Region Sud-PACA (Provence-Alpes-Côte d'Azur) zusammengefasst und es gibt auch keine klare geografische Grenze zwischen den beiden Gebieten; in den Köpfen der Provenzalen gibt es jedoch große Unterschiede zwischen der traditionsreichen Provence und dem *bling-bling* der Côte d'Azur.

KEINE KLAREN GRENZEN

Überhaupt ist es schwer, heute eindeutige Grenzen der Provence zu definieren. Dieser Reiseführer legt seinen Schwerpunkt auf die Departements Bouches-du-Rhône mit Marseille als Hauptstadt, Vaucluse rund um Avignon, einen großen Teil der Alpes-de-Haute-Provence und schließt auch einen Teil des Departements Var ein. Außerdem greift er über die Provence im engeren Sinn hinaus, indem er die Drôme Provençale im Norden ebenso einbezieht, wie er für die Ardèche, den Pont du Gard und Nîmes einen Abstecher nach Westen über die Rhône macht, die häufig als westliche Grenze der Provence betrachtet wird.

KUNST ÜBERALL

Die Provence birgt so viele Schätze, dass sie einen Künstler wie Paul Cézanne ein Leben lang fesselte. Dabei hat sich der Vater der modernen Malerei in seiner Kunst lediglich auf einen kleinen Ausschnitt dieser Landschaft beschränkt und sich bei der Suche nach Motiven auf seine Heimatstadt Aix, das Sainte-Victoire-Gebirge und den Fischerhafen L'Estaque bei Marseille konzentriert. Auch Vincent van Gogh ist bei Arles einfach aus dem Zug gestiegen, so fasziniert war er von der Gegend. Nicht umsonst wird das besondere Licht der Provence auch von (Hobby-)Fotografen so geschätzt. Und wenn heutzutage reihenweise Stararchitekten in der Region spektakuläre Bauten realisieren, so ist das vielleicht die logische Folge der künstlerischen Anziehung. Dazu kommen noch etliche weitere Kunstformen, etwa die Musik. Fast jeder Ort hat sein eigenes (Musik-)Festival, ob modern, klassisch oder traditionell – von der *semaine musicale* im kleinen Gebirgsdorf bis zum hochkarätigen internationalen Opernfestival ist alles dabei.

ES WIRD AUFGETISCHT

Regionale Kunst gibt es auch auf dem Teller. In ihrem mediterranen Klima gedeiht fast alles, weil ein ausgeklügeltes Kanal- und Stauseensystem für Wasser im Überfluss sorgt. Die Landwirte, Obst- und Weinbauern haben die Zeichen der Zeit erkannt: Die Provence zählt zu den französischen Regionen, in denen Bioprodukte die höchsten Zuwachsraten haben. Das Ergebnis auf den Tausenden kleinen oder großen Märkten ist so gesund wie farbenprächtig und landet, kunstvoll weiterverarbeitet, auch auf deinem Teller. Die Provence wartet darauf, dass ihre Reichtümer entdeckt werden, in aller Ruhe und zu jeder Jahreszeit. Nimm dir die Zeit – Paul Cézanne hat schließlich sein ganzes Leben damit verbracht, dem Zauber seiner Heimat auf die Spur zu kommen.

AUF EINEN BLICK

3 MIO.
Einwohner

im Kernbereich (Bouches-du-Rhône, Vaucluse, Drôme Provençale)

2,3
Kinder pro Frau

geburtenreichste Region Frankreichs

2900
Sonnenstunden pro Jahr

Baden-Württemberg (Spitzenreiter in Deutschland): 1800

506 000
Zweitwohnsitze

Damit ist jede sechste Wohnung eine Urlaubswohnung

1867 EURO
NETTO VERDIENT IM DURCHSCHNITT EIN ANGESTELLTER

in Deutschland: 1890 €

MONT VENTOUX 1909 M

höchster Berg im Kernbereich (ohne Alpen)

DURCHSCHNITTLICHE KALTMIETE
13 €/M²

Stuttgart: 13,70 €/m²

DIE PROVENZALINNEN SIND IM DURCHSCHNITT 162,5 CM GROSS, DIE PROVENZALEN 175,6 CM

Damit sind sie jeweils 3 cm kleiner als die Durchschnittsdeutschen

MARSEILLE
Größte Stadt: 862 000 Ew./240 km²

Frankfurt: 753 000 Ew./248 km²

MISTRAL
bläst im Schnitt 100 Tage im Jahr mit bis zu 130 km/h

CHÂTEAUNEUF-DU-PAPE
Älteste Wein-Appellation Frankreichs (seit 1936)

DIE PROVENCE VERSTEHEN

KÜNSTLER? FARBENKLECKSER!

Solche und noch krassere Spottnamen haben sich Paul Cézanne, Vincent van Gogh und Co. zu ihren Lebzeiten anhören müssen. Das klingt deutlich anders als die heutigen Hommagen, die sie als Vorreiter der Moderne oder Genie feiern … Die Liste der – heute – berühmten Maler, die in der Provence gewirkt haben, ist lang, aber die beiden oben genannten sind die Stars der Szene. Pech nur, dass sich während ihrer Lebzeiten kaum jemand in der Provence für sie interessiert hat. Niemand in Arles, so erzählt man sich, wollte sich von van Gogh porträtieren lassen, irgendwann hat dann immerhin der Briefträger eingewilligt; und Cézanne ist als grummeliger Alter bekannt, der sowieso nur die Natur malen wollte und kaum Kontakte in der Stadt Aix hatte. Pech deshalb, weil heute die provenzalischen Museen so gut wie keine Gemälde der beiden vorzeigen können. Was es immerhin noch gibt, sind die Originalschauplätze ihrer Malerei: Cézannes Atelier, der Bibémus-Steinbruch oder sein Elternhaus in Aix, van Goghs Krankenhaus, Café oder Brücke in Arles – wenn auch alles erst im Nachhinein wieder vangoghisiert wurde, d.h. nach seinen Bildern restauriert. Fakt ist, die Provence ist seit jeher ein prädestiniertes Fleckchen für Maler (und Fotografen), da das Licht, vor allem bei Mistral, einfach außergewöhnlich ist. So passiert es auch heute noch, dass Künstler hier länger als geplant hängen bleiben, so wie van Gogh, der eigentlich nach Japan wollte und in Arles aus dem Zug gestiegen ist …

PÉTANQUE ODER: WER KÜSST FANNY?

Ein nackter Frauenhintern, ob in Keramik, auf einem Pokal oder als Bild an der Wand, gehört in jeden Pétanqueclub. Die Provenzalen sind bekannt für ihren manchmal derben Humor, aber hierbei geht es um eine Dame, die Anfang des 20. Jhs. zur Urheberin einer provenzalischen Tradition geworden ist. Eine Variante der Geschichte geht so: Fanny war Bardame in einer Dorfkneipe, natürlich mit Pétanqueplatz nebenan. Jedem Teilnehmer derjenigen Mannschaften, die 0:13 verloren, küsste sie auf Art der Franzosen die Wange (sicherlich wollte sie nicht nur trösten, sondern auch zum Trunk eines weiteren Pastis animieren). Als eines Tages der wohl ziemlich unsympathische Bürgermeister auf sein Recht pochte, reagierte Fanny mit dem Lüpfen ihres Rocks und dem Ausruf: „Du? Du kannst mich hierhin küssen!" Seitdem müssen die Verlierer einer Partie, wenn sie keinen einzigen Punkt gewinnen, Fannys Hintern küssen. Man kann sich gut denken, dass die Behelfsfiguren aus Mangel an küssbereiten Damen geschaffen wurden. Aber wie geht nun das Spiel überhaupt? Man wirft Metallkugeln so nah wie möglich an das „Schweinchen", das

Fondation Vincent van Gogh in Arles: Besuch beim Meister der Farben

Setzkügelchen *cochonnet*. Der Unterschied zum Boulespiel, bei dem man zum Werfen anläuft: Man wirft aus dem Stand, mit beiden Füßen am Boden *(pieds tanqués)* – daher der Name Pétanque.

WENN NICHTS MEHR GEHT

Es fährt kein Bus, der Müll häuft sich in den Straßen und selbst im Fernsehen gibt es in den staatlichen Kanälen nur Notausgaben der Nachrichten: Soziale Auseinandersetzungen werden in Frankreich und vor allem in den großen Städten des Südens wie Marseille mit harten Bandagen ausgetragen. Egal, ob das Rentenalter erhöht wird, neue Einschnitte ins soziale Netz drohen, alte Privilegien gestrichen werden oder ein Busfahrer von Jugendlichen angegriffen wird: Es wird zunächst einmal gestreikt. Obwohl die Gewerkschaften viel weniger Mitglieder als in Deutschland haben, legen sie innerhalb kürzester Zeit das öffentliche Leben lahm. Besonders häufig betroffen sind der öffentliche Nahverkehr und der Hafen von Marseille. Da Tarifpartnerschaft ein Fremdwort ist, werden erst Beschlüsse gefasst, dann wird gestreikt und demonstriert, bis schließlich die Verhandlungen beginnen.

BLAUES WUNDER

Hochzeitsfotos im Lavendelfeld! Seit es in Asien Fernsehserien gibt, die ihre Stars zum Heiraten in die Provence geschickt haben, folgen ihnen viele Fans nach. Falls auch du daran Interesse haben solltest, der Lavendel blüht je nach Höhen- und Wetterlage ab Juni bis August ... Spaß beiseite: Du willst den Lavendel in irgendeiner Form mit nach Hause nehmen? Wichtig zu wissen: Bis ca. 800 m Höhe findet man hauptsächlich den *lavandin*, eine natürliche Kreuzung, die vor allem für ihren Duft oder als Strauß vermarktet wird. Der feinere echte Lavendel wird vor allem in der Aromatherapie und als Arznei benutzt: Er wirkt krampflösend, entspannend, schlaffördernd, hilft bei Kopfschmerzen, Muskelkater und gegen Mücken – du merkst schon, eigentlich gegen praktisch alles ... In Seife wirst du ihn allerdings nicht finden, denn er ist mindestens doppelt so teuer wie der *lavandin*. Nur mal als Vergleich: Für einen Liter Lavendelessenz braucht es bei der Destillation etwa 45 kg *lavandin*, aber ca. 130 kg *lavande vraie!* Die Hotspots für die besten Fotos (mit oder ohne Hochzeitskleid)? Das Plateau von Valensole für den *lavandin* und das ⚑ Plateau von Albion bei Sault für den echten Lavendel.

INSIDER-TIPP
Selfie im Lavendelfeld

LALLENDE MINNESÄNGER?!

Wenn du Glück hast, hörst du in der ein oder anderen Bar am Stammtisch oder am Tresen noch Provenzalisch sprechen. Dass sich das anhört, als seien die Redenden alle betrunken, liegt nicht (nur) am Pastiskonsum: Das Provenzalische hat eine ganz andere Sprachmelodie als das Französische und durch die vielen Vokale eine, nun ja, lallende Färbung. Vielleicht liegt es auch daran, dass seine Hochzeit im Mittelalter lag und die Sprache vor allem durch die Troubadoure, die südlichen Minnesänger, verbreitet wurde. Offiziell ist Provenzalisch ein Abkömmling des Okzitanischen, das sich wiederum aus dem gesprochenen Latein mit keltischen Einflüssen entwickelt hat. Aber Wissenschaft beiseite, neben den zweisprachigen Orts- und Straßenschildern wirst du es besonders auf traditionellen Festen antref-

Der Stier ist der Star: Bei provenzalischen Stierkämpfen wie hier in Arles geht es unblutig zu

fen, wo die Ansprachen häufig auf Provenzalisch gehalten werden. Wenn die Redner also für dich Unverständliches lallen, ist das ganz normal und gehört in die Provence. Übrigens heißt es, es sei für Ausländer leichter, ins Französische einzusteigen, wenn man vorher ein wenig Provenzalisch gelernt hat. Wenn das kein Ansporn ist!

STARS DER ARENA

Schlägst du den Lokalteil der Zeitung „La Provence" auf, findest du im Sommerhalbjahr ständig Artikel über lokale Größen mit so wohlklingenden Namen wie Jupiter, Armageddon, Pythagore. Dabei handelt es sich nicht etwa um Rennpferde oder Fußballspieler, sondern um Stiere. Und zwar diejenigen, die in den Arenen der Provence bei der *course camarguaise* antreten. Das ist der traditionelle, unblutige Stierkampf des französischen Südens. Jeder Stier läuft etwa 15 Minuten. Während dieser Zeit versuchen sogenannte Razeteure, ihm mit einem kleinen Metallinstrument, dem *crochet,* die Utensilien abzunehmen, die man ihm vorher umgehängt hat: eine Kokarde (ein Stoffbommel zwischen den Hörnern), zwei Bommel an den Hörnern und zwei eng um die Hörner gewickelte Fäden. Schaffen sie es, bekommen sie dafür ein Preisgeld und Punkte für die Meisterschaft. Aber es sind die Namen der Stiere, die auf den Plakaten stehen und das Publikum anlocken. Die richtig Guten haben nicht nur einen Fanclub, sondern bekommen am Ende ihrer Laufbahn eine Statue und die Rente vom Züchter gestiftet.

KLISCHEE KISTE

HAUTE CUISINE UND ÜBERSICHTLICHE TELLER

Wer als französische Haute Cuisine drei gedünstete Erbsen in Trüffelsud oder etwas in der Art erwartet, wird in der Provence enttäuscht werden: Hier wird deftig, bodenständig und viel gegessen! Es schmeckt normalerweise hervorragend, weil alles frisch und lokal ist, aber ein Dreigängemenü, wie hier üblich, muss erst mal verdrückt werden. Und Doggybags sind genauso out wie zu wenig auf dem Teller zu haben.

FAHREN WIE GOTT IN FRANKREICH

Im Film „Der Gendarm von Saint-Tropez" wird uns das Autofahren à la française vorgemacht (die dort fahrende Nonne verliert ob ihrer Fahrkünste in jeder Kurve ein Teil ihrer Ente.) Verkehrsregeln sind in der Provence das eine, Augenkontakt und Lächeln das andere. Mit Letzterem kommt man viel schneller von A nach B. Ein paar Dellen im Auto? Völlig normal! Parken in zweiter Reihe, mal eben rausspringen, um etwas einzukaufen oder gleich ein Pläuschchen aus dem Auto halten … gehört alles dazu und wird akzeptiert, wenn ein entschuldigendes Lächeln die Aktion begleitet. Eins ist andererseits sicher: Hupen bringt wenig, das wird gar nicht (mehr) gehört.

GEARBEITET WIRD HIER AUCH

In manchen Gegenden der Provence kann man sich berechtigt die Frage stellen: Wovon leben die Leute hier eigentlich? Es ist schwer, das allgemeingültig zu beantworten, aber Fakt ist, dass auch die Provence mehr Arbeitsplätze in der Industrie als in der Landwirtschaft und im Weinbau bietet. Das ist auf den ersten Blick kaum zu glauben, wenn man quer durchs Land fährt, aber nur ein Beispiel: 8000 Angestellte arbeiten allein bei einem Hubschrauberbauer in der Nähe des Marseiller Flughafens. Dann gibt es die Erdölraffinerien rund um den Étang de Berre, den Brackwassersee im Nordwesten von Marseille, Hightechzentren in der Nähe von Aix, die Kernfusionsversuchsanlage in Cadarache ... Alles nicht gerade anziehende Besichtigungsorte, aber wichtig für die Region auch über den Tourismus hinaus.

WINDIGES GESCHÄFT

Friseur zu sein ist in der Provence ein lukratives Geschäft. Nicht nur, weil den Provenzalen etwas an ihrem Haarschmuck liegt, sondern auch, weil es einen Verbündeten gibt, der die Leute regelmäßig in die Friseursalons treibt: den Mistral. Der Fallwind stürmt von Norden aus den Bergen durch das Rhônetal. Sein Name stammt vom provenzalischen Wort *maestral* (Meister) ab – und ein Meister ist er auf alle Fälle. In Spitzenzeiten schafft er Geschwindigkeiten von 150 km/h. Er kühlt die Luft ab, fegt den Himmel wolkenfrei – und verschafft jedem, der sich draußen aufhält, eine Mistralfrisur. Er bläst im Durchschnitt 100 Tage im Jahr und oft mehrere Tage am

HEILIGER HAUFEN

Da wandert man nichts ahnend im August durch die Kleinstadt Aubagne, es ist brüllend heiß, das Eis schmilzt einem in der Hand – und plötzlich steht man auf einem Markt für Krippenfiguren! Diese kleinen Krippenfiguren, *santons* – kleine Heilige – genannt, sind ein provenzalischer Verkaufsschlager und halten eine ganze Industrie am Laufen. So werden sie auch im Sommer verkauft, vor allem für die französischen Touristen, die nicht im Winter kurz vor Weihnachten reisen können und wollen. Das, was die *santons* und ihre Accessoires darstellen, ist genau genommen alles andere als heilig, es geht nämlich um die alltäglichen Geschäfte in einem provenzalischen Ort. Der Dorftrottel ist ebenso mit von der Partie wie die Kartenzocker beim Pastis, die Pétanquespieler, die Waschfrauen, Händler aller Arten usw. Aus Katalonien in die provenzalischen Krippen eingewandert ist eine neuerdings sehr populäre Figur: der *caganer*, der mit heruntergelassener Hose (s)ein größeres Geschäft verrichtet. Man kann sich gut vorstellen, dass bei allen diesen Figuren Maria, Josef und das Jesuskind eher unter ferner liefen gehandelt werden.

Stück. Deshalb: Konsultier den Wetterbericht, bevor du einen Friseurtermin ausmachst!

PROVENZALISCHES SUPERFOOD

Allez, ein kleines Quiz: Was hat folgende Gemeinsamkeiten und kommt aus der Provence? Mit den Griechen in der Antike eingeführt, es ist flüssig, wird ausgequetscht, man hegt's und pflegt's, baut extra Lagerstätten, macht Werbung in ganz Frankreich dafür (und darüber hinaus) und natürlich darf es bei keinem provenzalischen Essen fehlen. War doch ganz einfach, oder? Olivenöl und Wein! Es gibt übrigens noch eine Gemeinsamkeit: In der Provence werden beide Produkte traditionell verschnitten, es werden also mehrere Sorten gemischt, um das ultimative Geschmackserlebnis, die perfekte Farbe, die maximale Lagerfähigkeit zu erzielen. Klar, dass das Ergebnis geschützt wird! Das AOP-Siegel, die kontrollierte Herkunftsbezeichnung *Appellation d'Origine Protégée,* bekommt das Endprodukt nur dann, wenn alle regionalspezifischen Regeln beachtet wurden. Das sind z. B. die Verwendung festgelegter Sorten, eine bestimmte Art des Anbaus, der Ernte usw. – sogar die Flaschenformen sind vorgegeben!

Zu Frankreichs Spitzenweinen zählen die aus der Provence, darunter viele Bioweine

PFLANZENDIÄT

Was soll man denn tun, als Pflanze in der Provence: Da regnet es monatelang gar nicht und es ist heiß, dann gießt es plötzlich wie aus Eimern. Nicht gerade ein idealer *place to be* für Pflanzen. Also gibts nur eins: Wasserpölsterchen anlegen – oder es mit der Nulldiät versuchen. Da heißt die Devise: so wenig Blatt wie möglich, besser Nadeln, die trocknen nicht so schnell aus. Diese Hardcorepflanzen der Provence sind u.a. Rosmarin, Thymian, Bohnenkraut, Oregano, Salbei, Fenchel ... wovon die ersten vier als „Kräuter der Provence" sogar weltweiten Ruhm erlangt haben. Übrigens: Als Baum, ob Zypresse, Platane oder Olivenbaum, hat man es auch nicht einfacher. Nicht umsonst versucht sich z. B. die Kermeseiche als Busch zu tarnen, indem sie mit stacheligen Miniblättern über den Boden kriecht. Nur wer ganz genau hinsieht, erkennt überhaupt die Eicheln. Und als Tier? Da steht man auf ebendiese Eicheldiät (Wildschweine und Rehe). Oder man liebt einfach die Wärme und braucht sonst nicht viel (Eidechsen, Zikaden, Skorpione).

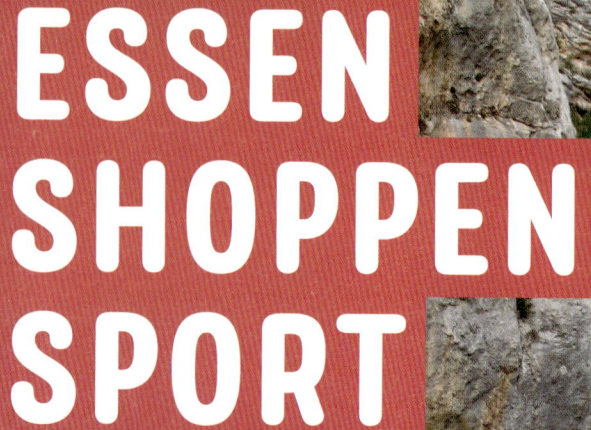

ESSEN
SHOPPEN
SPORT

Ardèche, Gardon, Gorges du Verdon: Traumreviere für alle Paddler

ESSEN & TRINKEN

EINE MULTIKULTI-KÜCHE

Gut essen kann man bekanntlich überall in Frankreich. Die Provence hat den Vorteil, dass hier einerseits (fast) alles vor Ort wächst und andererseits sich die Küche auch anderen Ufern des Mittelmeers nicht verschlossen hat. Nur mal als Beispiel: Was ist das typische Gericht aus Marseille? Nein, nix Bouillabaisse (das ist echter Luxus), sondern Couscous! Auf jedem großen Markt der Provence wird irgendwo Paella als take-away verkauft. Und in allen Bäckereien bekommst du Pizzastücke als Snack und die süßen Backwaren werden hier oft mit Orangenblüten aromatisiert. Das alles ist irgendwann einmal in die Provence eingewandert.

Doch natürlich gibt es auch die klassischen Dorfbistros, in denen es auf der Karte nur drei lokale Gerichte gibt: das Lamm vom Nachbarbauern, Wildschwein, vom Sohnemann frisch gejagt, und Bohneneintopf mit Tomaten aus dem Vorgarten.

KRÄUTER GEHÖREN IMMER DAZU

Nicht nur Gemüse in allen Variationen, sondern auch eine unglaubliche Vielfalt an Gewürzkräutern von Thymian über Rosmarin, Minze, Salbei, Oregano bis hin zu Fenchel und Lorbeer wächst quasi am Straßenrand. Ursprünglich gehören in die berühmte Mischung der Herbes de Provence eigentlich nur vier Kräuter (Rosmarin, Thymian, Bohnenkraut und Oregano), aber auch da gibt es mittlerweile ganz neue Kreationen – so findet sich heute Basilikum oder auch Salbei in fast jeder Mischung.

REGIONALE SPITZENKÜCHE

Kaum eine andere Region Frankreichs zählt so viele Spitzenköche wie die Provence. Und selbst die großen Zeremonienmeister der Gastronomie blei-

Ein Klassiker, auch wenn er eigentlich von der Côte d'Azur stammt: Salade Niçoise (li.)

ben bei den einfachen provenzalischen Grundrezepten. Von der Sonne verwöhnte Tomaten oder Zucchini brauchen nur einen Hauch von frischen Kräutern und einen Schuss Olivenöl, um ihren ganzen Geschmack zu entfalten. Und apropos Olivenöl: Auch da kommt das allerbeste aus der Provence! Verkosten kannst du es praktisch überall, im Restaurant natürlich, aber auch direkt in den Ölmühlen oder bei den Produzenten.

WIE, WANN, WAS?

Viel Gemüse, Fisch, Olivenöl, Knoblauch und guter Wein sorgen dafür, dass die Provenzalen die höchste Lebenserwartung in ganz Frankreich haben. Dabei widerspricht die hiesige Ernährungstradition eigentlich den Bauernregeln des Nordens. Wie oft in südlichen Ländern fällt das Frühstück (petit déjeuner) eher karg aus: Eine Tasse Kaffee, eventuell mit Milch (café

crème), dazu Baguette, Butter und Marmelade, manchmal noch ein Croissant oder ein mit Schokolade gefülltes Blätterteigteilchen (pain au chocolat), das reicht meist schon für den Tagesanfang.

Beim Mittagessen (déjeuner) zwischen 12 und 14 Uhr werden dann oft schon drei Gänge aufgefahren. Das Menü ist heute noch wichtig und besteht aus Vorspeise (entrée), Hauptgang (plat principal) mit Fleisch (viande), Fisch (poisson) oder Geflügel (volaille) und zum Abschluss Käse oder Dessert. Aber die Essgewohnheiten wandeln sich langsam: In den meisten Restaurants der Gegend wird niemand mehr schief angeschaut, der mittags nur einen großen Teller gemischten Salat (salade composée) essen möchte oder sich auf das meist preiswerte Tagesgericht (plat du jour) beschränkt.

Nachmittags, bei der Pause in einem Straßencafé, ist der kleine Schwarze angesagt, der *café* in der Espressotasse, oder auch die *noisette,* der kleine Schwarze mit ein wenig Milch. Einheimische lassen sich zur Abwechslung oft auch einen Frucht- oder Kräutersirup wie *menthe à l'eau* oder *grenadine* kommen, der mit Wasser aufgefüllt wird. Oder eine *tomate:* Das ist nicht etwa ein Tomatensaft, sondern ein Pastis mit Grenadinesirup! Als *diabolo* bekommst du den gleichen Grenadinesirup, aber mit Limonade aufgefüllt. Als *monaco* schließlich bestellst du den *grenadine,* wenn du ihn mit halb Bier, halb Limo trinken willst. Wundere dich übrigens nicht: Gerade wenn es „nur" ums Trinken geht, wird in kaum einer Bar automatisch eine Karte gebracht. Man bestellt nach Lust, Tageszeit und Klima.

VORWEG EIN APERITIF?

Abends, zum *dîner,* das die Franzosen nie vor 20 Uhr bestellen, entfaltet die Küche der Provence dann ihre ganze Pracht. Zwei, drei Stunden solltest du dir für das Abendessen Zeit lassen, um ein mehrgängiges Menü richtig zu genießen. Richtige Genießer bestellen erst mal einen Aperitif. Ein südfranzösischer Klassiker ist der Anisschnaps Pastis, der immer mit Eis und Wasser verdünnt getrunken wird.

WEINE DER REGION

Erst wenn das Hauptgericht ausgesucht ist, wird der Wein bestellt. Es soll ja schließlich zusammenpassen! Zu einfachen Mahlzeiten passt fast immer ein preiswerter offener Wein *(pichet* oder *en carafe).* Aber natürlich

hat praktisch jedes Restaurant auch einen Keller mit Weinen der Region. Da sind einmal die Anbaugebiete mit der kontrollierten Herkunftsbezeichnung AOP *(Appellation d'Origine Protégée)* wie Cassis, Bandol oder das kleine Gebiet um Palette sowie die weltweit gerühmten Weine von Gigondas oder Châteauneuf-du-Pape im Rhônetal. Dazu stoßen in den letzten Jahren immer mehr edle Tropfen aus Gebieten, über deren Produkte die Kenner früher nur die Nase rümpften. Jetzt fordern Weingüter rund um Aix-en-Provence die bis dato übermächtige Konkurrenz aus Burgund und Bordeaux heraus.

Zum Gedeck gehört selbst in Spitzenrestaurants der Gratiskorb mit Weißbrot ebenso selbstverständlich dazu wie die ebenfalls kostenlose Karaffe mit Leitungswasser *(carafe d'eau).* Und falls hinterher noch ein Digestif gebraucht wird: Ein Klassiker ist der *génépi,* ein Kräuterlikör (Edelraute) aus den Alpen.

ZAHLEN, NICHT RECHNEN!

In der Provence ist es übrigens wie in allen romanischen Ländern üblich, dass für einen Tisch nur eine gemeinsame Rechnung ausgestellt wird. Man hat gemeinsam getafelt, dann wird gemeinsam bezahlt. Trinkgeld wird nach Leistung gegeben: War der Service gut, gibt man etwas, wenn nicht, auch mal nichts – da sind die Provenzalen knallhart. Die meisten Restaurants haben einen Ruhetag pro Woche und häufig saisonal wechselnde Öffnungszeiten; empfehlenswert ist daher immer eine Reservierung.

Unsere Empfehlung heute

Vorspeisen

FLEURS DE COURGETTES
Mit Frischkäse *(brousse)* gefüllte
Zucchiniblüten

BROUILLADE DE TRUFFES
Rührei mit Trüffeln

RATATOUILLE
Auberginen, Paprika, Tomaten, Zwiebeln
und Zucchini, in Olivenöl gedünstet

Hauptgerichte

SOUPE AU PISTOU
Suppe aus weißen Bohnen, Tomaten
und Zucchini mit einer dicken Paste aus
Basilikum, Knoblauch und Olivenöl

PETITS FARCIS
Mit Hackfleisch und Spinat gefüllte
Gemüse

TOMATES PROVENÇALES
Mit Kräutern und Weißbrotkrumen
gratinierte Tomaten

AÏOLI GARNI
Knoblauchmayonnaise mit
gedünstetem Kabeljau, Gemüse,
Kartoffeln und hart gekochten Eiern
zum Dippen

BRANDADE DE MORUE
Stockfischpüree

BOUILLABAISSE
Fischsuppe mit Fischstücken,
Krustentieren und Kartoffeln, dazu
croûtons mit *rouille,* einer Sauce aus
Knoblauch, Olivenöl, Chili und Fischsud

DAUBE PROVENÇALE
Mit Gemüse und viel Rotwein
geschmortes Ragout aus der
Rinderschulter

GARDIANNE DE TAUREAU
In Rotwein geschmortes Stiergulasch
aus der Camargue

GIGOT D'AGNEAU DE SISTERON
Im Ofen gebackene Keule von Lämmern
aus den provenzalischen Alpen

PIEDS ET PAQUETS
Gefüllte Lammkutteln und -füße in
einer Tomaten-Wein-Sauce

Desserts

NOUGAT GLACÉ AU MIEL
Parfait aus weißem Montélimar-
Nougat mit Honig

SORBET À LA LAVANDE
Mit Lavendelblüten und Lavendelhonig
aromatisiertes Eis

TARTE AUX PIGNONS
Flacher Kuchen mit karamellisierten
Pinienkernen

SHOPPEN & STÖBERN

HEILIGES GETÖPFERTES

Keramik ist in der Provence ein Klassiker, die Kleinstadt Aubagne feiert sie sogar jedes Jahr mit dem Keramikmarkt *Argilia* von Mitte Juli bis Ende August. Moustiers-Sainte-Marie am Verdon hat seinen eigenen Fayencestil bewahrt, aber auch in Arles, Marseille oder Apt gibt es interessante, moderne Kreationen aus Lehm bzw. Ton. Eine Besonderheit sind die Santons, die Heiligenfiguren, die so gar nicht heilig sind. Aber heilig ist hier allen ihre handwerkliche Herstellung!

SCHICK, SCHICKER, PROVENCE

Vor allem in Marseille floriert die Modebranche. Für angesagte Bademode ist Pain de Sucre in ganz Europa ein Begriff und Emma François hat mit Sessùn ein Label gegründet, das für schicke Kleidung aus der Provence steht. Eein paar Markennamen, die dir vermutlich nicht bekannt sein werden, die aber definitiv lokal sind: Cozete, Floh & Co, Pomponette – um nur mal ein paar zu nennen. Es gibt in der Provence gerade in den Altstädten viele kleine Boutiquen, manchmal sogar als Atelierboutique, wo du meist direkt beim Designer einkaufen kannst – oft sogar Unikate.

PROVENCE GERAPPT

CDs aus der Provence gibt es eine ganze Menge, und zwar nicht nur die gregorianischen Gesänge der Zisterzienser aus dem Kloster Sénanque (die sehr schön sind!). Es gibt vor allem Musik aus Marseille. Die Stadt gilt als Mekka des französischen Rap, seit Bands wie IAM *(iam.tm.fr),* Massilia Sound System *(massilia-soundsystem. com)* oder Quartiers Nord *(quartiers nord.com)* mit einem Mix aus Techno, Rap, nordafrikanischen Elementen und provenzalischer Tradition angetreten sind.

Ob Keramik (li.), Stoffe (re.) oder Delikatessen: Schon wegen der Märkte lohnt eine Provencereise

FARBENFROHE HINGUCKER

Stoffe, Tischdecken, Servietten und Tücher in den leuchtenden Farben der Provence findest du überall auf den Märkten. Für Qualität stehen die Hersteller Les Olivades (Saint-Étienne-du-Grès), Souleïado (Tarascon) und alteingesessene Geschäfte wie La Victoire (Aix).

NASCHEN IST ANGESAGT

Bei den süßen Spezialitäten ist vor allem der Nougat zu nennen, der seinen Weltruf Émile Loubet, einst Bürgermeister von Montélimar, verdankt. Als französischer Staatspräsident von 1899 bis 1906 verehrte er jedem Staatsgast eine Kostprobe aus seiner Heimat – eine wunderbare Marketingstrategie. Der Montélimar-Nougat ist ein weißer Nougat, eher mit türkischem Honig als mit dem in Deutschland üblichen dunklen Nougat zu vergleichen. Nachahmer in der ganzen Provence haben die *calissons* aus Aix-en-Provence gefunden, ein Konfekt aus Mandelmasse, Honig und kandierten Melonen. Ebenfalls zum Naschen sind die *berlingots,* Fruchtbonbons aus Carpentras, oder die kandierten Früchte aus Apt.

TRADITIONELLE FLASCHENGEISTER

Wenn du einen Provenzalen fragst, welcher der Anisschnäpse denn nun der beste sei, wirst du so viele unterschiedliche Antworten bekommen, wie es Marken gibt. Als Grand Cru prämiert ist Henri Bardouin aus Forcalquier. Fans steuern die *Maison du Pastis (108, Quai du Port)* in Marseille an: Hier kannst du dich durchprobieren, bevor du eine Flasche erstehst. Bis zu 65 verschiedene Pflanzen kommen in den Pastis; ob du die allerdings herausschmeckst? Weine kaufst du am besten direkt beim Winzer.

INSIDER-TIPP
Pflanzenquiz zum Trinken

SPORT

Kletterwände in Schluchten und auf Felsnadeln, auf dem Pferd zwischen Flamingos – in der Provence ist fast alles möglich. Reißende Flüsse wie der Verdon, die Berge mit schroffen Felsen, das Meer und tiefe Schluchten: Das Terrain ist ein Paradies für alle nur denkbaren Aktivitäten.

KANU & KAJAK

Einige der schönsten Reviere Frankreichs für Kanu- und Kajakfahrer liegen in der und rund um die Provence. Für Sportler reizvoll ist in erster Linie die Verdonschlucht. Auskunft über Tretboot- und Kanuverleih: *MYC Plage (Plage du Galetas | Aiguines | Tel. 06 07 28 13 21 | Facebook); La Cadeno (Club Nautique Saint-Saturnin | Moustiers-Sainte-Marie | Tel. 04 92 74 60 85 | lacadeno.free.fr).* Eher für erfahrene Wassersportler geeignet sind die Schluchten der Ar-

dèche. In der Hochsaison unbedingt reservieren, z. B. bei *Castor Canoë (Tel. 04 75 37 14 88 | castor-canoe.com)!* Auskunft: *Agence de Développement Touristique de l'Ardèche (4, Cours du Palais | Privas | Tel. 04 75 64 04 66 | ardeche-guide.com); Office de Tourisme des Gorges de l'Ardèche (1, Place de l'Ancienne Gare | Vallon-Pont-d'Arc | Tel. 04 28 91 24 10 | pontdarc-ardeche.fr).* Weniger anspruchsvoll und auch für Familien geeignet sind die Strecken auf dem Gardon im Departement Gard, z. B. *Canoë Collias (Collias | Tel. 04 66 87 20 | canoe-collias.com).* Um den Nationalpark der Calanques ohne Motorenlärm zu erkunden und ein Picknick beim Landgang in einer der Buchten zu genießen, mietest du am besten in Cassis ein Meereskajak, z. B. bei *Cassis Kayak (1, Place Montmorin | Tel. 04 42 01 80 01 | cassis-kayak.com), Destination Calanques Cassis Kayak (Av. des Calanques | Tel. 06 07 15 63 86 |*

„Paddel frei!" von der Ardèche im Nordwesten bis zum Lac de Sainte-Croix im Südosten

cassis-kayak-marseille.fr) oder *Calanc'O (9, Av. Joseph Liautaud | Tel. 06 25 78 85 93 | calanco-kayak-paddle. com)*.

KITE- & WINDSURFEN

Du willst mal (wieder) aufs Brett?! Kein Problem, die Küste der Provence (und auch ihre Süßwasserseen) sind darauf vorbereitet: Einen Einführungskurs zum Kiten gibt es in der Camargue bei *Mistral Kite Passion (Tel. 06 16 43 57 72 | mistralkitepassion. com)* in *Port-Saint-Louis-du-Rhône*. Natürlich kann man auch einfach nur Material ausleihen, z. B. bei *Kite Xperience (Tel. 06 32 41 91 86 | kitexperi ence.com)* in *Port-Saint-Louis-du-Rhône*. Wenn's doch lieber nur das Surfbrett sein soll: Verleih und Kurse gibt es z. B. bei *Pacific Palissades (Tel. 04 91 73 44 11 | pacific-palissades.com)* in *Marseille*. Wer die Wellen auf dem Meer scheut, kann auf den Seen im Landesinneren

sein Glück versuchen. Mehrere Anbieter gibt es u. a. auf dem Lac de Sainte-Croix, z. B. *Surfcenter (Tel. 04 94 84 23 22 | Facebook: surfcenterlessallessurverdon)* in *Les Salles-sur-Verdon*.

TAUCHEN

Vor allem die Felsküste um und die Inseln vor Marseille mit ihrem klaren Wasser bieten Tauchern optimale Bedingungen. In der Mittelmeermetropole gibt es ein Dutzend Tauchclubs, die Ziele wie die Frioulinseln oder das Riouarchipel in den Calanques ansteuern, z. B. *Marseille Côté Mer (1, Quai Marcel Pagnol | Tel. 04 91 33 03 29 | mcmplongee.fr)*. Vor den Inseln liegen in einer auch für geübte Amateure erreichbaren Tiefe Schiffswracks, die zum Teil schon vor 2000 Jahren gesunken sind. In der La-Mugel-Bucht von La Ciotat ist sogar ein richtiger Unterwasserpark angelegt. Und in der Calanque de Niolon gibt es das größte

Kultfelsen für Extremkletterer: die *falaises* der Verdonschluchten

Tauchzentrum Europas, das *Centre UCPA* (Tel. 04 91 46 90 16 | Facebook: *UCPANiolon*). Auskunft: *Fédération Française d'Études et de Sports Sous-Marins (Tel. 04 91 33 99 31 | ffessm.fr)*

RADFAHREN

Für Fahrradfahrer ist der Mont Ventoux mit seiner kahlen, 1909 m hohen Kuppe natürlich die größte Herausforderung. Im Sommer strampeln jeden Tag Hunderte von Amateuren auf den Serpentinen zum Gipfel, vorbei am Denkmal für Tom Simpson, der voll gepumpt mit Dopingmitteln auf einer Tour-de-France-Etappe am Ventoux starb.

Gemütlicher ist dagegen der 37-km-Rundkurs um Valréas im Norden oder die auf 236 km ausgeschilderte Radwanderstrecke durch den Luberon von Cavaillon über Apt, Forcalquier, Manosque und Lourmarin auf sicheren Wegen und mit günstigen Unterkünften, die auch Zweiräder vermieten – Auskunft bei *Vélo Loisir Provence (Tel. 04 90 76 48 05 | veloloisirprovence. com)*. Und topfeben präsentiert sich das dichte Netz kleiner und kleinster Sträßchen in der Camargue.

WANDERN

Die Provence wartet mit der Vielfalt ihrer Landschaften auf Menschen, die sie zu Fuß erobern wollen. Zu den Klassikern gehören die Dentelles de Montmirail östlich von Orange, hoch aufgerichtete Kalksteinplatten, die Wind und Wetter durchlöchert und zugespitzt haben. In deren Sichtweite liegt der letzte Schrei für Abenteuerwanderer: Im Juli und August organisieren die *Verkehrsämter* in *Malaucène (Place de la Mairie | Tel. 04 90 65 22 59)* und *Bédoin (Place du Marché | Tel. 04 90 65 63 95 | ventoux provence.fr)* eine Nachtwanderung mit Biwak auf den Mont Ventoux.

Wunderschöne Wanderwege, teils mit spektakulären Aussichten, erwarten dich in den Bergmassiven von Luberon, Sainte-Baume, Sainte-Victoire sowie in den Calanques von Marseille und auf den Felsen der Route des Crêtes zwischen Cassis und La Ciotat. Und ein unvergessliches Erlebnis ist der ☛ *Sentier Martel* durch das grandiose Naturschauspiel der Verdonschlucht.

KLETTERN

Für Extremkletterer in Europa sind die Schluchten des Verdon das Maß aller Dinge. Knapp 1000 Strecken aller Schwierigkeitsgrade sind in den Kalkfelsen hoch über dem Fluss eingerichtet. Kultstatus hat die *Falaise de l'Escalès*, eine 300 m hohe, senkrechte Wand ohne einen einzigen Felsvorsprung zum Ausruhen. Für Anfänger wie für Fortgeschrittene geeignet sind die Felsen in der Montagne Sainte-Victoire bei Aix, im Tal des Aiguebrun bei Buoux im Luberon und

INSIDER-TIPP
Kein Fels für Warmduscher

in den Dentelles de Montmirail. Ein absolutes Muss sind aber auch die Calanques zwischen Marseille und Cassis. Etwa 400 Strecken sind dort zwischen Himmel und Meer angelegt.

REITEN

Weiße Pferde im blauen Wasser neben rosa Flamingos – der Traum für alle Reiter ist die Camargue, das weite Sumpfland an der Rhônemündung. Allerdings halten nicht alle Anbieter, was sie versprechen, und die erhoffte *promenade à cheval* ist dann kaum mehr als ein kurzer Ritt auf einem lahmen Gaul rund um einen ausgetrockneten Teich. Seriöse Reitausflüge organisiert die *Domaine de Méjanes (RD 37 | Tel. 04 90 97 10 62 | mejanes. camargue.fr)*.

PARAGLIDING

Die Provence mit ihren Bergen ist ein ideales Terrain für Paraglider. Clubs wie *Fan de Lune (Tel. 04 90 64 02 92 | tarnagas.ning.com)* in Sault bieten im Sommer Flüge im Doppelsitzer rund um den Mont Ventoux an. Wer einfach mal ausprobieren möchte, wie das so mit dem Fliegen ist, für den gibt es mehrere Schulen, die ein *baptême de l'air*, eine „Lufttaufe", im Zweisitzer mit Begleiter anbieten, z. B. *Marseille Parapente (Tel. 06 51 84 46 71 | marseille-parapente.fr)* in *Cuges-les-Pins* oder im Hinterland *Verdon Passion (Mont Denier | Moustiers-Sainte-Marie | Tel. 06 08 63 97 16 | verdon-passion.com)* am Eingang der Verdonschlucht. Eine Übersicht über die Clubs in der Region gibt es beim Dachverband *Ligue de Vol Libre (lvlpaca.org)*.

DIE REGIONEN IM ÜBERBLICK

Montélimar

Orange

Von Römern, Päpsten und allen, die gern Wein tranken und trinken

Avignon

Nîmes

DER WESTEN S. 54

Arles

Salon-de-Provence

Golfe du Lion

Eine mediterrane Schöne, Multikulti am Meer

Mer Méditerranée

Tarn

Cèze

Aigues

Hérault

Grand Rhône

Rhône

Drôme

Die ganze provenzalische Palette: von Natur pur bis zu antiken Bauwerken

ITALIA

FRANCE

ITALIA

Isère

Drac

Lac de Serre-Ponçon

DER NORDEN S. 38

Coulon

Verdon

DER OSTEN S. 76

Lac de Castillon

Durance

Verdon

Lac de Ste. Croix

● Aix-en-Provence

Eine Promidichte als wär's ein Arrondissement von Paris – und dazu Lavendel

Argens

Marseille ●

● Aubagne

MARSEILLE & UMGEBUNG S.102

25 km
15.5 mi

DER NORDEN

DAS TOR ZU FRANKREICHS SÜDEN

Olivenhaine und Mandelbäume, kräftig duftende Kräuter, Lavendelfelder und Weinberge, viel Sonne und der Mistralwind: Reisende aus dem Norden spüren mit allen Sinnen, dass Montélimar das Tor zum Süden Frankreichs ist.

Auch wenn offiziell nicht der ganze Landstrich zur Verwaltungseinheit Provence-Alpes-Côte d'Azur gehört: Für die Zugehörigkeit zur Provence sprechen nicht nur die Geschichte und der Name des Departements – Drôme Provençale –, sondern vor allem das Klima und

Ein Trumm aus der Renaissance: Das Schloss von Grignan beherrscht den ganzen Ort

die Gastronomie. Im Süden, im Tricastin, gedeihen Trüffeln, im Osten, rund um Nyons, wachsen die nördlichsten Olivenbäume Frankreichs und überall blühen im Winter bei milden Temperaturen die Mandelbäume, die für den Rohstoff des weißen Nougats sorgen, der Spezialität von Montélimar. Die Drôme Provençale ist trotz der mittelalterlichen Dörfer, der mächtigen Schlösser und der guten Weine touristisch bisher ein Geheimtipp geblieben und heute noch eine preiswerte Einstimmung auf die Provence.

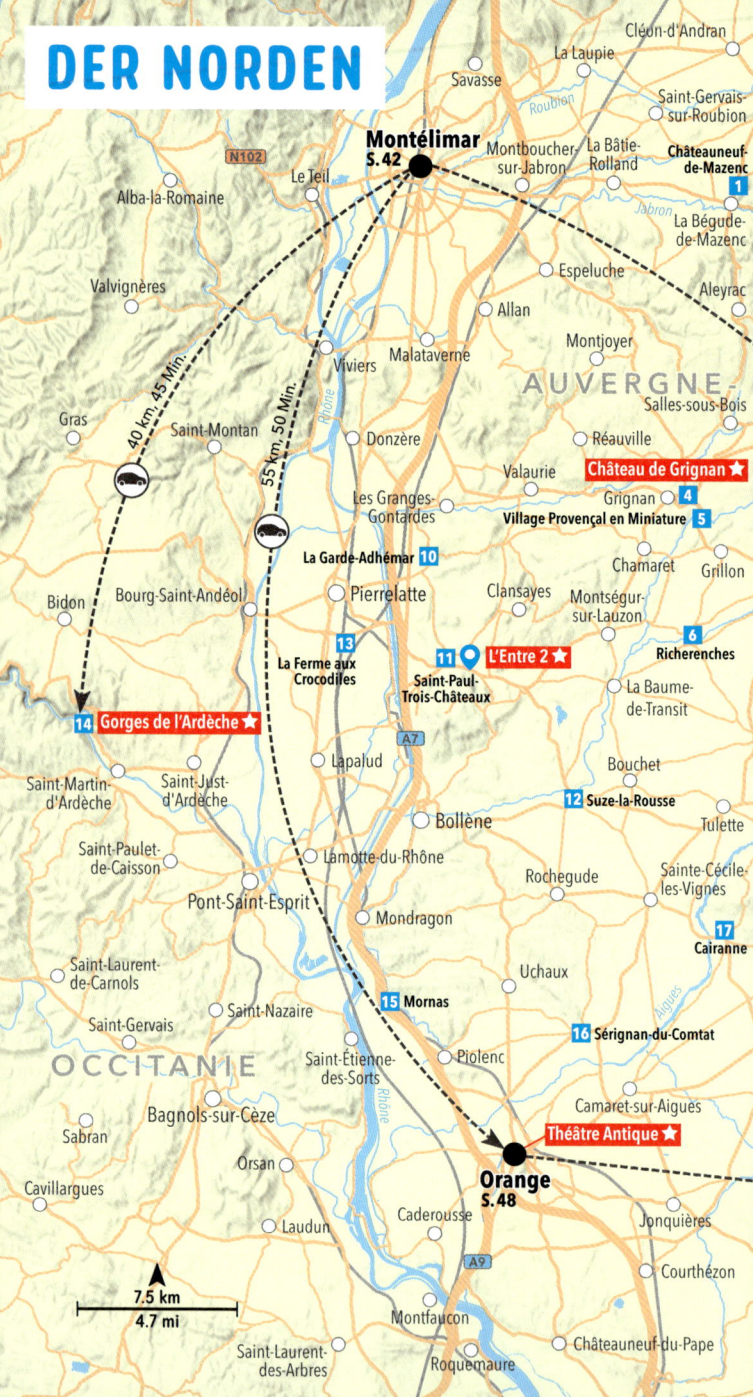

DER NORDEN

Cléon-d'Andran
La Laupie
Savasse
Saint-Gervais-sur-Roubion
Roubion

N102
Le Teil
Montélimar S. 42
Montboucher-sur-Jabron
La Bâtie-Rolland
Châteauneuf-de-Mazenc 1
Jabron
La Bégude-de-Mazenc

Alba-la-Romaine
Espeluche
Aleyrac

Valvignères
Allan
Montjoyer

Viviers
Malataverne
A U V E R G N E -
Salles-sous-Bois

Gras
Saint-Montan
Rhône
Donzère
Valaurie
Réauville
Château de Grignan ⭐
Grignan 4
Village Provençal en Miniature 5

40 km, 45 Min.
55 km, 50 Min.
Les Granges-Gontardes

La Garde-Adhémar 10
Chamaret
Grillon

Bidon
Bourg-Saint-Andéol
Pierrelatte
Clansayes
Montségur-sur-Lauzon
Richerenches 6

La Ferme aux Crocodiles
13
11 ♟ **L'Entre 2** ⭐
Saint-Paul-Trois-Châteaux
La Baume-de-Transit

14 **Gorges de l'Ardèche** ⭐
A7
Lapalud
Bouchet

Saint-Martin-d'Ardèche
Saint-Just-d'Ardèche
Bollène
12 **Suze-la-Rousse**
Tulette

Saint-Paulet-de-Caisson
Lamotte-du-Rhône
Rochegude
Sainte-Cécile-les-Vignes

Pont-Saint-Esprit
Mondragon
17 **Cairanne**

Saint-Laurent-de-Carnols
Uchaux

Saint-Gervais
Saint-Nazaire
15 **Mornas**
16 **Sérignan-du-Comtat**

O C C I T A N I E
Saint-Étienne-des-Sorts
Piolenc
Aigues

Sabran
Bagnols-sur-Cèze
Rhône
Camaret-sur-Aigues

Cavillargues
Théâtre Antique ⭐

Orsan
Orange S. 48
Jonquières

Laudun
A9
Courthézon

7.5 km
4.7 mi
Caderousse
Châteauneuf-du-Pape

Saint-Laurent-des-Arbres
Montfaucon

Roquemaure

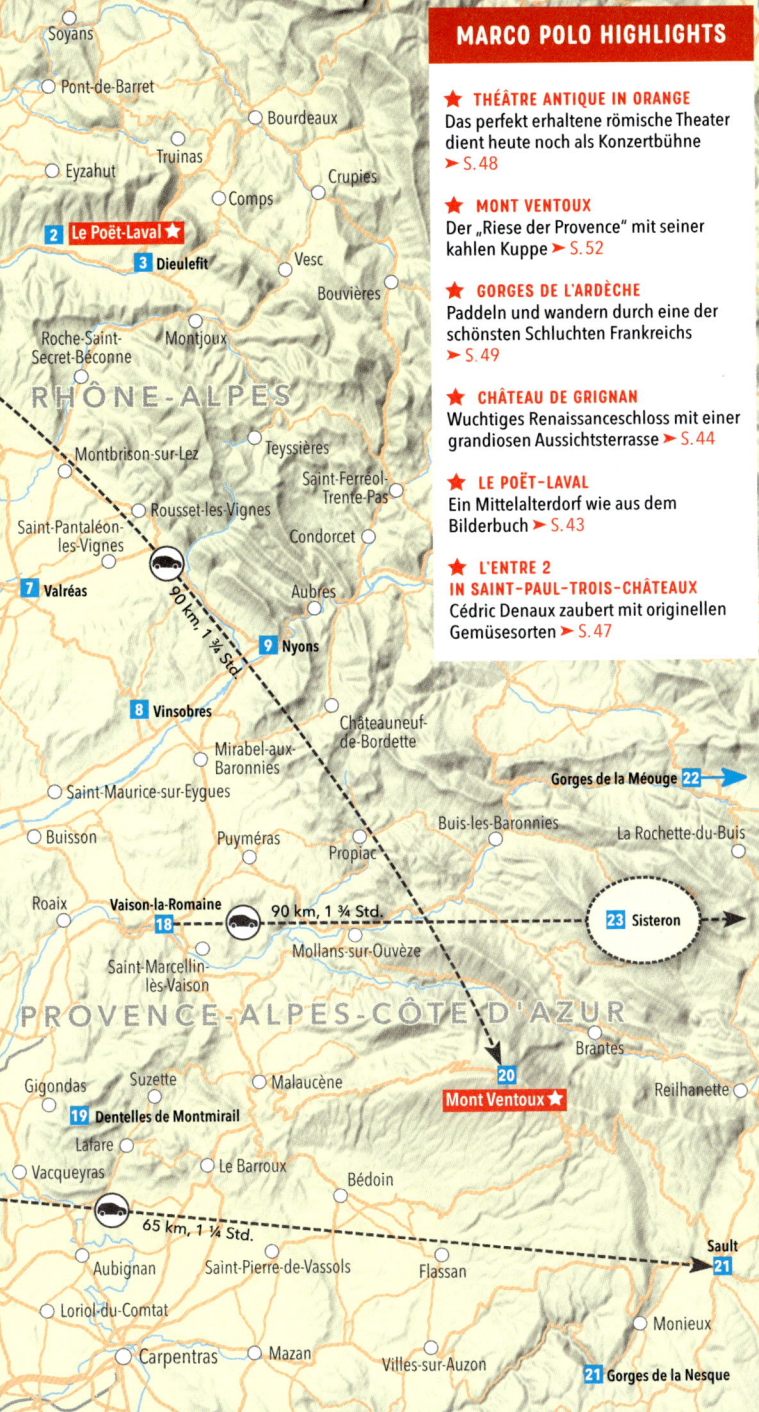

Soyans

Pont-de-Barret

Bourdeaux

Truinas

Eyzahut

Crupies

Comps

Vesc

2 Le Poët-Laval ★

Bouvières

3 Dieulefit

Montjoux

Roche-Saint-
Secret-Béconne

RHÔNE-ALPES

Montbrison-sur-Lez

Teyssières

Saint-Pantaléon-
les-Vignes

Rousset-les-Vignes

Saint-Ferréol-
Trente-Pas

Condorcet

7 Valréas

Aubres

90 km, 1 ¾ Std.

9 Nyons

8 Vinsobres

Châteauneuf-
de-Bordette

Mirabel-aux-
Baronnies

Saint-Maurice-sur-Eygues

Buis-les-Baronnies

La Rochette-du-Buis

Gorges de la Méouge **22** →

Buisson

Puyméras

Propiac

Roaix

Vaison-la-Romaine

90 km, 1 ¾ Std.

23 Sisteron →

18

Saint-Marcellin-
lès-Vaison

Mollans-sur-Ouvèze

PROVENCE-ALPES-CÔTE D'AZUR

Brantes

Gigondas

Suzette

Malaucène

Reilhanette

19 Dentelles de Montmirail

20

Mont Ventoux ★

Lafare

Le Barroux

Bédoin

Vacqueyras

65 km, 1 ¼ Std.

Sault

21

Aubignan

Saint-Pierre-de-Vassols

Flassan

Loriol-du-Comtat

Monieux

Carpentras

Mazan

Villes-sur-Auzon

21 Gorges de la Nesque

MARCO POLO HIGHLIGHTS

★ **THÉÂTRE ANTIQUE IN ORANGE**
Das perfekt erhaltene römische Theater
dient heute noch als Konzertbühne
➤ S. 48

★ **MONT VENTOUX**
Der „Riese der Provence" mit seiner
kahlen Kuppe ➤ S. 52

★ **GORGES DE L'ARDÈCHE**
Paddeln und wandern durch eine der
schönsten Schluchten Frankreichs
➤ S. 49

★ **CHÂTEAU DE GRIGNAN**
Wuchtiges Renaissanceschloss mit einer
grandiosen Aussichtsterrasse ➤ S. 44

★ **LE POËT-LAVAL**
Ein Mittelalterdorf wie aus dem
Bilderbuch ➤ S. 43

★ **L'ENTRE 2
IN SAINT-PAUL-TROIS-CHÂTEAUX**
Cédric Denaux zaubert mit originellen
Gemüsesorten ➤ S. 47

Gegenüber, schon westlich der Rhône, liegen die eindrucksvollen Schluchten der Ardèche. Nicht nur für begeisterte Paddler gehören sie zu den Höhepunkten einer Reise in die nördliche Provence, auch wenn sie eigentlich nicht mehr zu dieser zählen. Und auch Geschichtsbegeisterte kommen nicht zu kurz, denn schon die Römer haben sich bis in diese Region vorgewagt; davon zeugen Städte wie Orange oder Vaison-la-Romaine. Als i-Tüpfelchen sorgt der Mont Ventoux – der höchste Berg zwischen Alpen und Pyrenäen! – bei gutem Wetter für eine Sicht bis zum Mittelmeer.

MONTÉLIMAR

(*D–E1*) **Das für seinen Nougat berühmte Montélimar (33 000 Ew.) hat sich herausgeputzt und lädt** mit der Fußgängerzone im Zentrum zum Bummeln ein.

Achte bei der Stadterkundung vor allem auf die beiden schönsten Gebäude: An der Place Émile Loubet steht die *Maison de Diane de Poitiers* aus dem 15. Jh. mit ihrer sehenswerten Renaissancefassade und in der Rue Sainte-Croix verdient die Stiftskirche *Sainte-Croix* mit einer Orgel aus dem 19. Jh. einen Besuch.

CHÂTEAU DES ADHÉMAR
Hoch über der Stadt thront das Schloss aus dem 11./12. Jh. Vom Rundweg auf den Schlossmauern eröffnet sich dir ein schöner Blick auf Stadt und Rhônetal. Heute ist im Museum ein Zentrum für zeitgenössische Kunst untergebracht. *Mai/Juni und Sept.–Dez. tgl. 10–12.30 und 14–18, Juli/Aug. 10–18 Uhr | 6 Euro | Rue du Château | ⏱ 1 Std.*

Mundwässerndes Muss in Montélimar: Musée du Nougat Arnaud Soubeyran

PALAIS DES BONBONS ET DU NOUGAT 👥

Dass Nougat nicht gleich Nougat ist, kannst du hier selber probieren. Und natürlich auch etwas dazulernen, z.B. wie das Nougat aus Montélimar in die Welt gekommen ist, dass es nichts mit dem deutschen Nussnougat zu tun hat und warum es nicht an den Zähnen klebt. *Sept.–Juni Mo 14–18.30, Di–So 10–12.30 und 14–18.30 Uhr, Juli/Aug. tgl. 10–19 Uhr | 11 Euro, Kinder bis 12 Jahre 9 Euro, bis 5 Jahre 6,50 Euro | 100, Route de Valence | palais-bonbons.com |* ⏱ *2 Std.*

ESSEN & TRINKEN

AUX GOURMANDS

Auf dem Marktplatz serviert das Restaurant mit einer Sommerterrasse neben dem Diner für Gourmets auch günstige Menüs mit regionalen Spezialitäten. Weinkeller mit rund 400 verschiedenen Sorten. *So/Mo geschl. | 8, Place du Marché | Tel. 04 75 01 16 21 | restaurant-auxgourmands.fr | €–€€€*

LE MODERNE

50er-Jahre-Deko mit heutiger Atmosphäre, traditionelle provenzalische Produkte und Rezepte mit kreativem Touch. *Mo/Di und außer Fr/Sa abends geschl. | 25, Blvd. Aristide Briand | Tel. 04 75 01 31 90 | restaurant-lemoderne.fr | €€*

SHOPPEN

MUSÉE DU NOUGAT ⚱

Die Nougattradition mit heimischen Zutaten wahrt das Familienunternehmen *Arnaud Soubeyran,* das mitten im Gewerbegebiet an der Nationalstraße 7 im Süden der Stadt neben der Fabrik ein sehenswertes, nach Süßem duftendes Nougatmuseum mit nettem Café eingerichtet hat. *Mo–Sa 9–19, So 10–12 und 14–18 Uhr | Eintritt frei | N 7 | nougatsoubeyran.com*

RUND UM MONTÉLIMAR

① CHÂTEAUNEUF-DE-MAZENC

17 km östlich von Montélimar/25 Min. über die D 540

Wer enge Gassen, alte Steinhäuser und Ruhe liebt, ist in dem mittelalterlichen Dorf gut aufgehoben. Der Weiler auf einem Hügel wurde von Liebhabern aus der ganzen Welt sorgfältig restauriert. Fotografen auf der Suche nach charmanten Gässchen und hübschen Fassaden aufgepasst, hier gibt es jede Menge Inspiration! 🗺 *E1*

INSIDER-TIPP

Der Star der Fotosession? Das Dorf!

② LE POËT-LAVAL ⭐

25 km östlich von Montélimar/ 30 Min. über die D 540

Eines dieser wunderschönen Dörfer, die nach dem Zweiten Weltkrieg von Kunsthandwerkern und begüterten Steineliebhabern vor dem Verfall gerettet wurden. Die *Commanderie (April–Okt. tgl. 10–12.30 und 14.30–18, im Sommer 11–12.30 und 15–19 Uhr | 3,50 Euro)* aus dem Mittelalter kann besichtigt werden. Hier kümmerte man sich im Mittelalter um Kreuzritter; heute beherbergt ein Teil des Gebäudes das Luxushotel mit Restaurant *Les Hospitaliers (hotel-les-hospitaliers.com | €€€)*. Köstliche kleine salzige und süße Kuchen zu günstigen Preisen serviert die stimmungsvolle Cafébuchhandlung *Bouquinerie Dit-Elle (Di, Okt.–März Mo–Fr geschl. | La Maison des Remparts)* an der Stadtmauer. 💳 *E–F1*

3 DIEULEFIT

28 km östlich von Montélimar/ 35 Min. über die D 540

Das sympathische, kleine Städtchen (3200 Ew.), einst Hochburg der Protestanten in der Drôme Provençale, ist heute ein Keramikzentrum mit Dutzenden von Werkstätten und Ausgangspunkt für herrliche Wanderungen auf den Hügeln im Tal des Flusses Jabron. 💳 *F1*

4 CHÂTEAU DE GRIGNAN ⭐

25 km südöstlich von Montélimar/ 40 Min. über die D 4

Das wuchtige Schloss von Grignan mit seiner imposanten Renaissancefassade aus dem 16. Jh. thront weithin sichtbar auf einem Fels über dem mittelalterlichen Ort und scheint diesen fast zu erdrücken. Selbst das Dach der Kirche Saint-Sauveur muss sich dem weltlichen Bau unterordnen: Es dient dem Schloss als großzügige Panoramaterrasse mit Blick auf die Voralpen und die Alpilles. Das Château ist aber vor allem eine literarische Kultstätte: Im 17. Jh. war es Wohnsitz der Tochter der Marquise de Sévigné, die hier mehr als 1500 inzwischen berühmte Briefe

von ihrer Mutter empfing. Sie sind lebendige Zeitzeugnisse, die Einblicke in Mode und Sitten jener Zeit erlauben. Um einmal so richtig in die Schlossstimmung einzutauchen gilt: Karten für eine Abendveranstaltung auf dem Schloss reservieren und von der Terrasse nicht nur das Spektakel auf der Bühne, sondern auch den Sonnenuntergang und einen Drink in den Gärten des Schlosses genießen. *Führungen Juli/Aug. tgl. 10–18, Sept.–Juni 10–12.30 und 14–18 Uhr, Nov.–März Di geschl. | 8 Euro | chateaux-ladrome.fr | ⏱ 1½–2 Std. inkl. Führung | 💳 E1*

> **INSIDER-TIPP**
> **Schlossgeist ganz leger**

5 VILLAGE PROVENÇAL EN MINIATURE 🎭

27 km südöstlich von Montélimar/ 40 Min. über die D 4 und Grignan

Nicht nur mit Kindern lohnt ein Ausflug in diese Miniaturausgabe eines provenzalischen Dorfs mit 80 Häusern und mehr als 1000 Figuren und Tieren. *Stark gestaffelte Zeiten s. Website | 5,50 Euro, Kinder 3,80 Euro | La Petite Tuilière | Route de Valréas | village-miniature.fr | ⏱ 45 Min. | 💳 E1*

6 RICHERENCHES

33 km südöstlich von Montélimar/ 45 Min. über Grignan

Richerenches war im 12. Jh. ein großes Festungsdorf des Templerordens. Der sehr schön restaurierte Ort ist im Winter sonntagvormittags Schauplatz eines großen *Trüffelmarkts*. Am dritten Sonntag im Januar feiert die Bruderschaft des schwarzen Diamanten in der Kirche eine Messe, in der Spenden in

Aus römischer Zeit ist der Pont Roman in Nyons zwar nicht – aber immerhin aus dem 14. Jh.

Form von Trüffeln abgegeben und öffentlich versteigert werden. *E2*

7 VALRÉAS

35 km südöstlich von Montélimar/ 45 Min. über Grignan

Ein verwaltungstechnisches Kuriosum: eine Exklave des Departements Vaucluse im Gebiet der Drôme Provençale. Das hat das Gebiet um Valréas den Päpsten zu verdanken, die im 14. Jh. nach Avignon übersiedelten und sich hier und da noch ein paar Fleckchen Land dazukauften. In Valréas mit seinen heute rund 9500 Ew. ist die Altstadt mit dem Rathaus aus dem 15. Jh. sehenswert. *E1–2*

8 VINSOBRES

47 km südöstlich von Montélimar/ 1 Std. über Grignan und Valréas

In dem Weindorf erwartet dich einer der schönsten Landgasthöfe der Region: In der *L'Auberge du Petit Bistrot* (Mo/Di geschl. | Place de l'Église | Tel. 04 75 27 61 90 | aubergedupetitbistrot. fr | €) serviert Familie Delhome direkt an der Dorfkirche auf der kleinen Terrasse üppige provenzalische Teller oder besonders preisgünstige nach Großmutters Rezepten und hat zudem in einem Haus im Dorf vier bezaubernde Gästezimmer und eine Ferienwohnung eingerichtet. *F2*

INSIDER-TIPP Aus Großmutters Küche

9 NYONS

46 km südöstlich von Montélimar/ 1 Std. über die D 4, D 24, D 538

Das Provinzstädtchen (7000 Ew.) profitiert von seinem Mikroklima (2800 Sonnenstunden pro Jahr), den Olivenhainen und 200 Arten von Gewürz-, Duft- und Heilkräutern, die im frei zugänglichen *Jardin des Arômes* am Ufer des Flusses Eygues gepflanzt sind. Sehenswert sind der *Pont Roman,* eine Brücke aus dem 14. Jh., und die Altstadt um die *Place des Arcades* mit Häusern aus dem 14. Jh., auf der am Do-Vormittag und im Sommer auch am So-Vormittag Markt abgehalten wird. Mit regionalen Produkten und viel Phantasie arbeitet die Küche des Restaurants *D'un Goût à l'Autre (So-Abend und Mo geschl. | 21, Rue des Déportés | Tel. 04 75 26 62 27 | dun goutalautre.fr | €€–€€€).* ▥ *F2*

⑩ LA GARDE-ADHÉMAR

25 km südlich von Montélimar/ 30 Min. über die N 7

Vom Vorplatz der wunderschönen romanischen Kirche *Saint-Michel* hoch über dem Rhônetal genießt du einen Panoramablick auf Fluss und Landschaft. Unterhalb der Kirche ist der 👁 *Jardin des Herbes* angelegt, ein sehens- und riechenswerter Garten mit Rosen und Heilkräutern. Das Dorf mit seinen Gassen, kleinen Plätzen, Brunnen und Häusern wurde hübsch restauriert. Das Restaurant *Le Tisonnier (April–Sept. So-Abend und Mo, Okt.–März Mo und außer Fr/Sa abends geschl. | Le Village | Tel. 04 75 04 44 03 | €€)* ist mit allerlei Krimskrams und Plakaten dekoriert. Den Dorfplatz belebt das 🚩 *Bistrot L'Absinthe (Mai–Sept. tgl., Okt.–April außer Sa nur mittags | Tel. 04 75 04 44 38 | Facebook: absinthebistrotdepays | €)* mit feiner regionaler Küche und Bouleplatz.

Einer der schönsten und geheimnisvollsten Orte in der Drôme Provençale ist das *Val des Nymphes* 2 km östlich. Wegen seiner Quellen schon in der Antike als Symbol für Fruchtbarkeit und Wohlstand bekannt, beherbergt das Tal die durch ihre Schlichtheit beeindruckende romanische Kapelle *Notre Dame des Nymphes* am Wasserbecken in der idyllischen Lichtung. ▥ *D–E1*

Eine einzige Dorfidylle: Spaziergang durch La Garde-Adhémar

11 SAINT-PAUL-TROIS-CHÂTEAUX

28 km südlich von Montélimar/ 35 Min. über die D 56 und D 133

Drei Schlösser gab es hier nie, der Zusatz von Saint-Paul kommt vom Namen Tricastin für die Trüffelregion, in der Saint-Paul liegt. Die Stadt (7300 Ew.) besitzt mit der *Kathedrale Notre-Dame* ein beeindruckendes Beispiel der Genialität der mittelalterlichen Baumeister mit einem mächtigen, über 20 m hohen Kirchenschiff und einem asymmetrischen Glockenturm. Nebenan, in der *Maison de la Truffe et du Tricastin (Di–Sa, Juli/Aug. und Dez.–Mitte März auch So 9–12.30 und 14–18 Uhr | 4,50 Euro | Rue de la République | mai sondelatruffe.com),* wird das Geheimnis der schwarzen Trüffeln in Wort, Bild und Videofilmen erklärt.

Eine schöne Terrasse hat das gute Restaurant des Hotels *L'Esplan (15, Place de l'Esplan | Tel. 04 75 96 64 64 | les plan.fr | €€)* in einer Relaisstation aus dem 16. Jh. Mit selbst angebauten Kräutern, Blumen, alten Gemüsesorten und vielen Bioprodukten zaubern Cathy und Cédric Denaux im ★ *L'Entre 2 (So/Mo geschl. | 2, Av. Charles Chaussy | Tel. 04 75 46 61 14 | Facebook: Lentre2restaurantlounge | €€–€€€)* cine der phantasievollsten Küchen der Region auf den Teller. ⊞ *E2*

12 SUZE-LA-ROUSSE

40 km südlich von Montélimar/40 Min. über Saint-Paul-Trois-Châteaux

Das *Schloss (Juli/Aug. tgl. 10–18, Sept.–Juni 10–12.30 und 14–18 Uhr, Nov.–März Di geschl. | 6 Euro | chateaux-la drome.fr)* der Feudalherren des Dorfs mit Fassade aus dem 12. Jh. und Innenhof im Renaissancestil ist Sitz der Weinuniversität *(universite-du-vin.com),* in der nicht nur Winzer, Önologen und Sommeliers ausgebildet werden, ==sondern auch Amateure 🎓 Wochenend- oder Tageskurse belegen können.== Am Fuß des Schlosses ist ein Weinberg mit 70 Rebsorten aus der ganzen Welt angelegt. ⊞ *E2*

> **INSIDER-TIPP**
> **Sommelier für einen Tag**

13 LA FERME AUX CROCODILES 🎭

28 km südlich von Montélimar/ 30 Min. über die N 7

In einem riesigen tropischen Gewächshaus bei Pierrelatte leben hier mehr als 350 Reptilien, darunter auch Schildkröten. Über den Verein SOS Crocodiles beteiligt sich die Krokodilfarm zudem an Projekten in Nepal oder im Niger. *Tgl. 10–16, im Sommer bis 17 bzw. 18*

Uhr | 17,50 Euro, Kinder bis 12 Jahre 11,50 Euro | Les Blachettes | lafermeaux crocodiles.com | ⏱ *2½ Std. |* 🗺 *D2*

ORANGE

(🗺 *E3)* **Weißt du, woher die Holländer die orange Farbe für Fanartikel aller Art haben? Richtig, aus Orange!** Die Geschichte ist so kompliziert wie verwinkelt, aus dem römischen Arausio entstand der Name Orange, einer der hiesigen Grafen wurde im Mittelalter zu Wilhelm I. der Niederlande und daraus erwuchs die Dynastie der Oranier. Heute trägt der Ort (knapp 30 000 Ew.) wie zum Trotz einen Orangenzweig in seinem Wappen, obwohl in und um Orange keinerlei Orangenanbau zu finden ist.

SIGHTSEEING

VIEILLE VILLE (ALTSTADT)
Orange hat sein historisches Zentrum mit der Place de la République, dem Rathaus und vielen Cafés behutsam renoviert. Der *Wochenmarkt* auf dem Cours Aristide Briand lockt jeden Donnerstagvormittag die Menschen in die Stadt.

THÉÂTRE ANTIQUE (ANTIKES THEATER) ⭐
Es ist 2000 Jahre alt und immer noch das Herz der Stadt: Das einzige antike Theater, in dem die 36 m hohe und 103 m breite Bühnenmauer praktisch original erhalten ist, bildet mit einem Fassungsvermögen von knapp 9000

Besuchern jeden Sommer das provenzalische Gegenstück zu den Opernfestspielen in Verona (Programm auf *choregies.com*). Die rund 3,50 m hohe Statue von Kaiser Augustus in der Wand blickt aber auf Pop- und Klassikkonzerte. Geschützt sind Statue und Bühnenmauer durch ein Glasdach jener Firma, die 1889 den Eiffelturm und 2004 die spektakuläre Autobahnbrücke von Millau gebaut hat. *Juni–Aug. tgl. 9–19, April/Mai und Sept. 9–18, März und Okt. 9.30–17.30, Nov. –Feb. 9.30–16.30 Uhr | 9,50 Euro | Rue Madeleine Roch | theatre-antique.com |* ⏱ *1½ Std.*

COLLINE SAINT-EUTROPE
Gipfelstürmer rauf auf den Hügel hinter dem antiken Theater, der Ausblick lohnt sich! Wer dann nicht sofort wieder runterwill: Es gibt hier oben auch einen großen Park mit Schwimmbad, Campingplatz, Spielplätzen und Café. Früher stand hier das Schloss der Fürsten von Nassau-Oranien.

ARC DE TRIOMPHE
Eines der größten erhaltenen römischen Stadttore in Frankreich: Der knapp 20 m hohe Bogen aus Stein markierte den Eingang von Orange auf der Via Agrippa, die Lyon mit Arles verband. Architektonische Besonderheit des Bauwerks (um 20 v. Chr.) ist ein reich geschmückter, dreieckiger Giebel.

ESSEN & TRINKEN

AU PETIT PATIO
Das Beste an diesem Restaurant, neben der raffinierten und frischen Kü-

che? Der begrünte Innenhof, wo man im Sommer in aller Ruhe sitzen und herrlich schlemmen kann! *So geschl. | 58, Cours Aristide Briand | Tel. 04 90 29 69 27 | €€*

RUND UM ORANGE

14 GORGES DE L'ARDÈCHE ★

32 km bis Saint-Martin-d'Ardèche nordwestlich von Orange/35 Min. über die A 7 und Pont-Saint-Esprit

Du hast keine Höhenangst und fährst gerne Kurven? Auf gehts in die Ardèche, wo eine 38 km lange *Panoramastraße* von Saint-Martin d'Ardèche nach Vallon-Pont-d'Arc auf dich wartet!

Wer auch noch Treppensteigen mag und nicht unter Klaustrophobie leidet, wagt sich in eine der spektakulären Tropfsteinhöhlen *(Grotte de la Madeleine, Grotte Saint-Marcel)*. Noch nicht genug? Dann fahr noch ein Stück weiter zum originalgetreuen Nachbau der *Grotte Chauvet,* der *Caverne du Pont d'Arc (stark gestaffelte Zeiten s. Website, am besten vorher reservieren | 15 Euro | cavernedupontdarc.fr).* Die richtige Höhle ist erst 1994 entdeckt worden und steht unter Schutz, die Nachbildung ist aber sehr gut gemacht.

Oder doch lieber nur Natur, und zwar intensiv? Eine Via Ferrata, Gelegenheiten zum Canyoning und vor allem Kanufahrten (wegen zahlreicher Stromschnellen eher für erfahrene Wassersportler geeignet, in der Hochsaison

Seit zwei Jahrtausenden im Dienst des Entertainments: Théâtre Antique

unbedingt reservieren!) gehören auch zum touristischen Angebot. Außerdem gibts noch den ☎ Spiel-, Kunst- und Erlebniswald *La Forêt d'Émile Zarbre (Juni–Aug. tgl. 10–19, Ostern–Mai und Sept./Okt. Mi, Sa, So 10.30–18 Uhr | 8 Euro (Erw. und Kinder) | Route de Bidon | Saint-Remèze | emile-zarbre. com)* mit Barfußparcours, Land-Art-Werkstätten, Riesenhängematten und, und, und. Du merkst schon: Die Ardèche lohnt auf alle Fälle einen Abstecher! *ardeche-guide.com* | ⫘ *C–D 1–2*

15 MORNAS

10 km nördlich von Orange/15 Min. über die N 7

Das Dorf ist ein beeindruckendes Beispiel für mittelalterliche Festungsarchitektur auf einem Felsen 137 m hoch über der Rhône. Ein Verein in Mornas saniert seit Jahrzehnten die *Ruine (stark gestaffelte Zeiten s. Website | 5 Euro | forteresse-de-mornas. com | ⏱ 1½ Std.)* und organisiert als *visite animée (Juli/Aug. tgl., April–Juni und Sept. Sa/So 11, 14, 15, 16 und 17 Uhr | 10 Euro)* Mittelalterspiele auf dem Burggelände, das außerdem einen herrlichen Ausblick bietet. ⫘ *D2*

16 SÉRIGNAN-DU-COMTAT

8 km nördlich von Orange/15 Min. über die N 7 und D 976

In dem kleinen Ort sind Haus und Garten des Botanikers und Insektenforschers Jean Henri Fabre (1823–1915) als Museum *Harmas Jean-Henri-Fabre (Mo/Di und Do/Fr 10–17, April–Aug. bis 18, April–Okt. auch Sa/So 14.30–18 Uhr | 7 Euro, im Winter 5 Euro | Route d'Orange | harmasjeanhenrifabre.fr)*

wiedereröffnet worden. Über 500 verschiedene Pflanzen locken im Garten noch heute die Insektenarten an, die der Naturforscher in dem Haus untersuchte, das er in seinen letzten 26 Lebensjahren bewohnte. ⫘ *E2*

17 CAIRANNE

17 km nordöstlich von Orange/ 20 Min. über die D 93

Das Dorf beherbergt eine der ältesten und größten Weinbaukooperativen der Provence, die *Cave de Cairanne (Mitte Juni–Mitte Sept. tgl. 9–18.30, Mitte Sept.–Mitte Juni Mo–Sa 9–12.30 und 14–18, So 9–18 Uhr | Route de Bollène | cave-cairanne.fr)*. Der originelle *Parcours Sensoriel du Vin (rund 1,5 Std. | Mitte Juni–Mitte Sept. tgl. 9–18, Mitte Sept.–Dez. und Mitte März–Mitte Juni 9–11.30 und 14–17 Uhr | Eintritt frei)* spricht alle Sinne an und erklärt Wissenswertes über die Weine der Region Côtes du Rhône. ⫘ *E2*

18 VAISON-LA-ROMAINE

30 km nordöstlich von Orange/ 35 Min. über die D 23 und D 977

In der Antike soll Vasio Vocontiorum eine der reichsten Städte im Süden Galliens gewesen sein. Heute spiegelt Vaison-la-Romaine (6000 Ew.) die bewegte Vergangenheit der Provence. Mitten in der Stadt erstrecken sich zwei riesige Flächen mit den Ruinen von zwei römischen Stadtvierteln. Ein antikes Theater, mehrere Villen, hängende Gärten, eine Thermalanlage und Kanäle haben die Experten überzeugt, dass Vaison einst reicher als Pompeji war. Einen Überblick verschafft das *Museé Théo Desplans*

„Oooooh!" und „Aaaaah!": An der Ardèche folgt ein Panoramaparkplatz auf den nächsten

(Kernzeit Mitte Feb.–Dez. tgl. 10–17 Uhr | Kombiticket mit Ausgrabungsstätten 9 Euro | ◷ 2 Std.). Ein Zeugnis der provenzalischen Romanik ist die im 12./13. Jh. mit Materialien der Römerzeit erbaute Kathedrale *Notre-Dame-de-Nazareth* mit ihrem sehenswerten Kreuzgang.

Der Weg über die alte Römerbrücke *(Pont Romain)* führt in die mittelalterliche Oberstadt *(Haute-Ville)* am Fuß der Burgruine. Wie überall in der Provence sind hier die lange verlassenen Steinhäuser liebevoll restauriert worden und beherbergen heute Galerien, kleine Läden, Cafés, Restaurants und Hotels. Ein Beispiel hierfür ist etwa die *Hostellerie Le Beffroi (Mo-Mittag, Fr-Mittag und Do geschl. | Rue de l'Évê-* ché | Tel. 04 90 36 04 71 | le-beffroi. com | €€–€€€) mit ihrer Restaurantterrasse und herrlichem Blick auf Stadt und Fluss. Auf Bioprodukte setzt Béatrice Roux in ihrem Restaurant *O Natur'Elles (Mi geschl. | 36, Place de Montfort | Tel. 04 90 65 81 67 | €)* im Zentrum von Vaison. ▥ *F2*

🔟 DENTELLES DE MONTMIRAIL

20 km bis Vacqueyras östlich von Orange/25 Min. über die D 23 und D 8

Die bizarre Form hat ihnen den Namen gegeben. Die Felsen, die wie Klöppelspitzen *(dentelles)* aussehen, sind gewissermaßen die kleinen Schwestern (höchster Gipfel ist der Saint-Amand mit 734 m) des Mont Ventoux. Das Gebirge 20 km östlich von Orange ist ein Paradies für Wanderer und Kletterer. Hübsche Dörfer wie *Séguret, La Roque-Alric, Le Barroux* oder *Suzette* wachen über die Weinberge, die in *Gigondas, Vacqueyras* und *Beaumes-de-Venise* Weine von Weltruf hervorbringen. *E–F3*

20 MONT VENTOUX ⭐

60 km östlich von Orange/1¼ Std. über Malaucène

Die kahle Kuppe des provenzalischen Giganten auf 1909 m überm Meer erlaubt den spektakulärsten Blick über das Land – aber pack unbedingt einen Pulli ein, denn egal ob er sein Haupt in Wolken hüllt oder der Mistral weht: Hier auf dem höchsten Berg der Provence wird es auch im Sommer oft empfindlich kalt. Der Ventoux (sein Name bedeutet nicht etwa „windig", wie viele glauben, sondern kommt vom provenzalischen Wort *vinturi,* „Berg") ist mit seiner außergewöhnlichen Fauna – mehr als 120 Vogelarten sind an seinen Hängen heimisch, daneben Gämsen, Rehe und Hirsche – Unesco-Biosphärenreservat. Der Berg, im Winter sogar ein Ziel für Skifahrer, lässt sich mit dem Fahrrad, zu Fuß oder per Auto erobern.

Ein Ausgangspunkt ist das liebenswerte Städtchen *Malaucène.* Für sportliche Radfahrer: Von hier ist der Anstieg auf die Kuppe noch 18 km lang, es gilt ca. 1600 Höhenmeter zu überwinden. Je nach Kondition braucht man dafür 2½ Stunden oder mehr. Auf dem Weg zum Gipfel lohnt sich schon nach 2 km ein Halt am Ausflugsplatz *Groseau,* einem ehemaligen Quellheiligtum der Kelten mit Klosterresten, Café

und Picknickplatz. An der Wintersportstation *Mont Serein* sind ein 2,2 km und ein 3,8 km langer botanischer Lehrpfad zu Ehren des Botanikers Jean-Henri Fabre angelegt worden. *F3*

21 SAULT UND GORGES DE LA NESQUE

63 km bis Sault östlich von Orange/ 1¼ Std. über Carpentras

Höhenangst solltest du keine haben, wenn du dich auf die abenteuerlich-schöne Fahrt auf der D 942 durch die 26 km lange Schlucht der *Gorges de la Nesque* mit Aussichtsterrassen wie dem Belvedere (734 m) am *Rocher du Cire* wagst. Ausgangspunkt hierfür ist das Lavendelzentrum *Sault* (1350 Ew.). Im Dorf mit seinem *Mittwochsmarkt,* der schon seit 1515 existiert, findest du das einfache und gute Restaurant Le Provençal (Mo-Abend und Di geschl. | Rue Portes des Aires | Tel. 04 90 64 09 09 | restaurant-le-provencal-sault.fr | €–€€), das mittags ein „Radfahrermenü" anbietet. Wenn du zur Abwechslung einmal Crêpes essen möchtest: Die vielleicht beste Crêperie der Provence befindet sich in Sault: *La Moisson (tgl. | Place de l'Église | Tel. 04 90 64 06 05 | Facebook: Crêperie-La-Moisson | €).* Die Crêpes und ihre salzigen Vettern, die *galettes,* schmecken großartig!

Mittendrin in der Nesqueschlucht liegt das Dorf *Monieux* mit dem Bauernhof *Le Viguier (Route de Méthanis | Tel. 04 90 64 04 83 | leviguier.com | €),* in dem Familie Giardini nach Reservierung ein Abendessen mit Spezialitäten vom Hof serviert. *F–G3*

INSIDER-TIPP
Grandiose Weitblicke

Die kahle Kuppe des Mont Ventoux hüllt sich leider oft in Wolken

22 GORGES DE LA MÉOUGE

107 km bis Châteauneuf-de-Chabre
östlich von Orange/2 Std. über Vaison
und Saint-Auban-sur-l'Ouvèze

Hosen hochkrempeln (oder gleich Badesachen anziehen) und los gehts immer den Fluss abwärts. Es braucht keine besondere Ausrüstung, nur genug Zeit zum Genießen, Fotografieren und natürlich zum Picknicken am Ufer. Den Weg zurück gehts genauso oder du fährst per Anhalter – das ist hier gang und gäbe.

Etwa 20 km lang ist der spektakulärste Teil der Schlucht – und der Fluss flach genug, um ihn zu durchwaten. Mach es wie die Einheimischen und bau dir deinen eigenen Ministaudamm: Dann werden die Badegumpen noch größer. In einem Zufluss der Méouge bei Châteauneuf-de-Chabre an der D 942 bei Brücke und Parkbucht 2½ km westlich von Le Plan findest du

von der Natur ausgespülte Wannen und dazu von oben einen kleinen Wasserfall als Dusche, das Ganze mitten zwischen zirpenden Zikaden – grandios! *H2*

INSIDER-TIPP
Badewannen-Idyll

23 SISTERON

115 km östlich von Orange/2¼ Std.
über Vaison und Montbrun-les-Bains

Das Städtchen (7000 Ew.) nennt sich nicht umsonst die Pforte zur Provence, denn seine *Zitadelle (Kernzeit Mitte März–Mitte Nov. tgl. 10–17 Uhr | 6,60 Euro | citadelledesisteron.fr)* thront direkt über der Schlucht, durch die jeder durchmuss, der von den Alpen in die Provence möchte. Der Aufstieg aufs Burggelände ist nicht ohne, aber der Ausblick lohnt die Mühe auf jeden Fall. Besonders bunt und nett ist ein Besuch der Stadt am Mittwoch oder Samstag, wenn Markt ist. *J2*

DER WESTEN

HISTORISCH UND HÖCHST LEBENDIG

Stolze Städte, stille Dörfer, schöne Strände: Der Westen der Provence begeistert mit einem Kontrastprogramm aus Kultur und Natur. Städte mit großer und langer Geschichte wie Avignon, Nîmes oder Arles, dazu Obstplantagen und Weinberge zwischen Rhône und Mittelmeer prägen die Region.
Aber auch die stille Natur des Westens der Provence geizt nicht mit Reizen. Die Alpilles, die Camargue, das Delta der Rhône sind Beispiele dafür, wie die Menschen inzwischen verantwortungsvoll mit

Frankreichs schönste Wasserleitung: der römische Pont du Gard über den Gardon

dem Naturerbe umgehen. Wer dagegen in die Geschichte eintaucht, wird die alte Grenze zwischen Frankreich und der Provence (auf)spüren können, die die Rhône lange verkörperte: zwischen verschiedenen Sprachen, Glaubensrichtungen und Lebenseinstellungen. Höchst lebendig und schwer angesagt sind hingegen all die Festivals und Feierlichkeiten rund um Theater, Römer, Musik, Wein, Stierkampf oder Heilige. Die bringen je nachdem einen heiteren, dramatischen oder exotischen Touch in die Region.

DER WESTEN

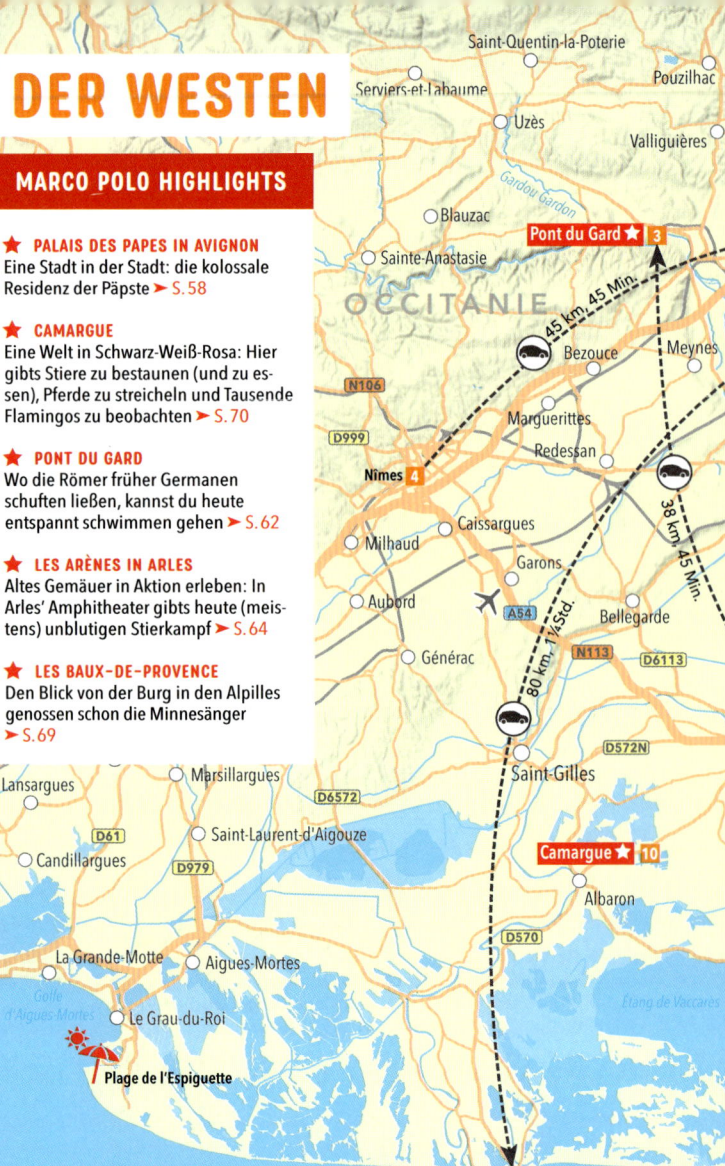

MARCO POLO HIGHLIGHTS

★ **PALAIS DES PAPES IN AVIGNON**
Eine Stadt in der Stadt: die kolossale
Residenz der Päpste ➤ S. 58

★ **CAMARGUE**
Eine Welt in Schwarz-Weiß-Rosa: Hier
gibts Stiere zu bestaunen (und zu essen), Pferde zu streicheln und Tausende
Flamingos zu beobachten ➤ S. 70

★ **PONT DU GARD**
Wo die Römer früher Germanen
schuften ließen, kannst du heute
entspannt schwimmen gehen ➤ S. 62

★ **LES ARÈNES IN ARLES**
Altes Gemäuer in Aktion erleben: In
Arles' Amphitheater gibts heute (meis-
tens) unblutigen Stierkampf ➤ S. 64

★ **LES BAUX-DE-PROVENCE**
Den Blick von der Burg in den Alpilles
genossen schon die Minnesänger
➤ S. 69

Saint-Quentin-la-Poterie

Pouzilhac

Serviers-et-Labaume

Uzès

Valliguières

Blauzac

Pont du Gard ★ 3

Sainte-Anastasie

OCCITANIE

45 km, 45 Min.

Bezouce

Meynes

N106

Marguerittes

Redessan

Nîmes 4

38 km, 45 Min.

Caissargues

Milhaud

Garons

Aubord

Bellegarde

A54

Générac

N113

D6113

80 km, 1¼ Std.

D572N

Saint-Gilles

Lansargues

Marsillargues

D6572

D61

Saint-Laurent-d'Aigouze

Candillargues

D979

Camargue ★ 10

Albaron

La Grande-Motte

Aigues-Mortes

D570

Golfe
d'Aigues-Mortes

Le Grau-du-Roi

Étang de Vaccarès

Plage de l'Espiguette

11 Saintes-Maries-de-la-Mer

Golfe du Lion

Golfe de Beauduc

Mer Méditerranée

Plage de Beauduc

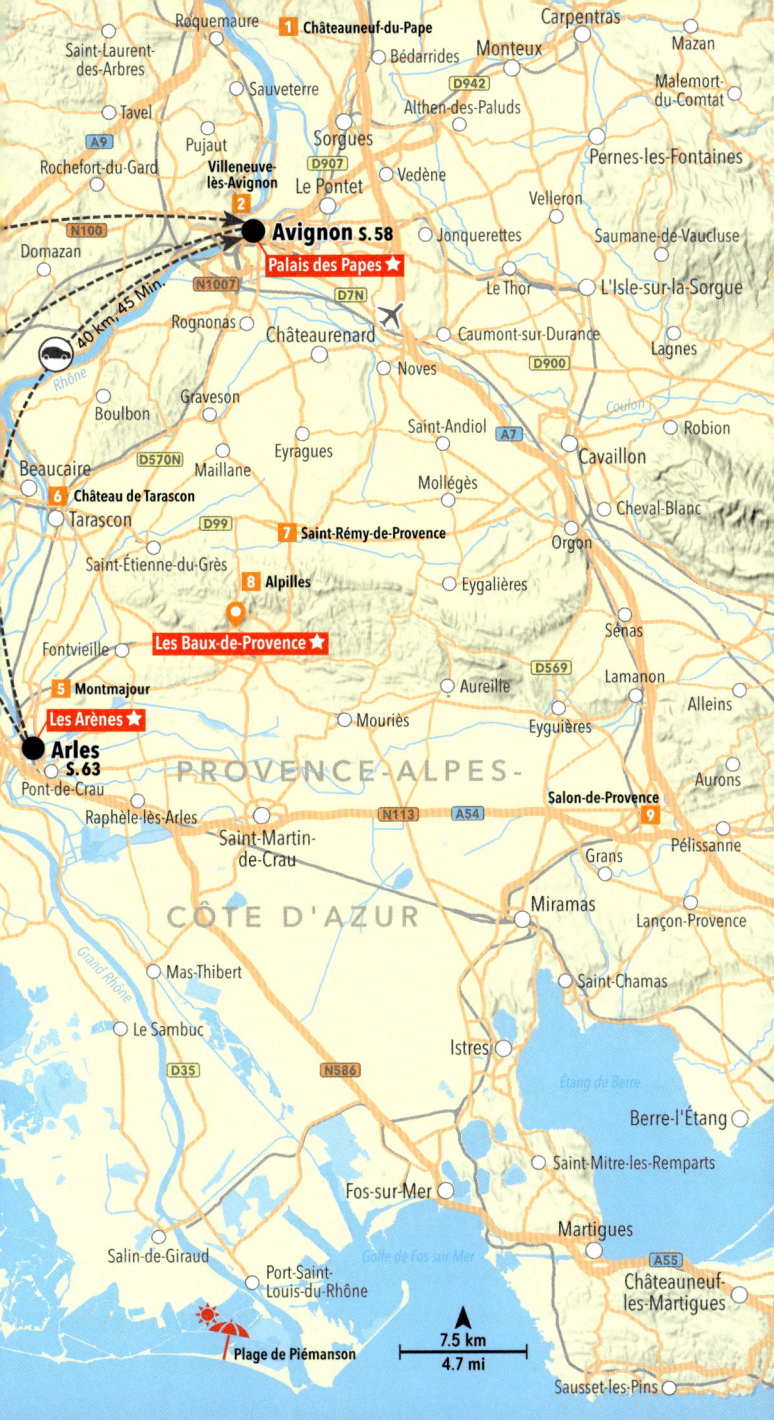

AVIGNON

(⬚ E4) **In der Geschichte der Christenheit ist die Zeit, als im 14. Jh. die Päpste in Avignon regierten, nur ein kurzer Abschnitt.**

Die Stadt (90 000 Ew.) am Ostufer der Rhône ist aber noch heute vom mächtigen Papstpalast und der sieben Jahrhunderte alten, 4,3 km langen Stadtmauer *(remparts)* ge-

INSIDER-TIPP
Sur le pont …

prägt. ==Den schönsten Blick auf die Stadt und die berühmte Brücke von Avignon hast du übrigens von der Rhôneinsel La Barthelasse.==

Minikreuzfahrten mit Mittags- oder Abendmenü auf der Rhône organisiert *Grands Bateaux de Provence (ab 36 Euro | Allée de l'Oulle | Tel. 04 90 85 62 25 | mireio.net)*. Lohnend sind Spaziergänge in der Altstadt, z. B. durch die *Rue des Teinturiers,* die alte Färberstraße mit ihrem Kanal und einigen alten Wasserrädern – die stimmungsvollste Straße der Stadt –, oder auf den Felsvorsprung *Rocher des Doms*

WOHIN ZUERST?

Place de l'Horloge: Der Platz im Herzen von Avignon ist der ideale Ausgangspunkt für Besichtigungen. Kostenpflichtige Parkplätze gibt es entlang der Festungsmauer *(remparts)* und im *Parking Palais des Papes (Porte du Rocher/Rue Ferruce)*. ☛ Gratis sind die 1500 Plätze auf der Rhôneinsel Piot (kostenloser Zubringer in die Stadt).

mit Ausblick auf die Rhône und die viel besungene Brücke Saint-Bénézet.

SIGHTSEEING

PONT SAINT-BÉNÉZET

Das ist sie, die berühmte Unesco-Welterbe-Brücke von Avignon. Seit dem 17. Jh. nur noch ein Torso in der Rhône, war sie schon immer zu eng, um darauf zu tanzen. Gefeiert wurde auf der Insel Barthelasse. *April–Juni und Sept./Okt. tgl. 9–19, Juli 9–20, Aug. 9–20.30, Nov.–Feb. 9–17.45, März 9–18.30 Uhr | 5 Euro, Kombiticket mit Papstpalast 14,50 Euro | avignon-pont. com |* ⏱ *30 Min.*

MUSÉE DU PETIT PALAIS

Weil die Päpste ihren Palast über den Bischofspalast gebaut haben, musste der Bischof umziehen. Daraus ist der Petit Palais, eben der „kleine Palast", geworden. Heute beherbergt er das nach dem Pariser Louvre wichtigste Museum für mittelalterliche Kunst in Frankreich. *Mi–Mo 10–13 und 14–18 Uhr | Eintritt frei | Place du Palais | petit-palais.org |* ⏱ *1 Std.*

PALAIS DES PAPES (PAPSTPALAST) ★

In knapp 30 Jahren haben die beiden Päpste Benedikt XII. *(Palais Vieux)* und Klemens VI. *(Palais Neuf)* im 14. Jh. die mächtige Zitadelle mit zwei Palästen und zum Teil über 50 m hohen Mauern bauen lassen. Außer einigen Fresken, Kaminen, Decken und Mosaiken ist von der Inneneinrichtung seit der Französischen Revolution nichts mehr übrig, doch eine Führung durch

Ihr ausgedehnter, festungsartiger Palast bezeugt die einst höchst irdische Macht der Päpste

die Räume lässt die ehemalige Pracht dennoch erahnen. Im Sommer ist der Palast Schauplatz für Kunstausstellungen und der Ehrenhof *(Cour d'Honneur)* des Palasts eindrucksvolle Bühne für Theateraufführungen im Rahmen des Festivals. Zum Komplex gehört außerdem die Kathedrale *Notre-Dame-des-Doms* mit ihrer schlichten romanischen Kuppel. Hinter der Kirche schließt sich der Park *Rocher des Doms* mit seinen Terrassen und Ausblicken auf Rhônetal und Mont Ventoux an. *Sommer tgl. 9–19 (Juli/Aug. bis 20), Winter 9.30–17.45 Uhr | 12 Euro, Kombiticket mit Papstpalast 14,50 Euro, Audioguide in Deutsch 2 Euro | palais-des-papes.com |* ⏱ *2–3 Std.*

PLACE DE L'HORLOGE

Ein paar Schritte vom Papstpalast liegt dieser stets belebte zentrale Treffpunkt Avignons mit Dutzenden von Cafés und Restaurants, dem Rathaus, dem Uhrturm und der Oper, von deren Fassade Statuen von Molière und Corneille das bunte Treiben betrachten.

MUSÉE ANGLADON

Die Stiftung des Künstlerpaars Angladon-Dubrujeaud glänzt mit Meisterwerken des 19. und 20. Jhs., darunter einige von Cézanne, Picasso, Degas oder Modigliani. *Di–Sa, April–Okt. auch So 13–18 Uhr | 8 Euro | 5, Rue Laboureur | angladon.com |* ⏱ *45 Min.*

COLLECTION LAMBERT

Immer wieder für Skandale sorgen die Ausstellungen des Sammlers Yvon Lambert, denn obwohl mit dem Palais Caumont aus dem 18. Jh. der Rahmen stimmt, sind nicht immer alle Besucher mit der gezeigten zeitgenössischen Kunst einverstanden. *Sept.–Juni Di–So 11–18, Juli/Aug. tgl. 11–19 Uhr |*

AVIGNON

Le Bercail

Promenade du Chemin de Halage

Le Rhône

Pont Saint-Bénézet

Boulevard du Quai de la Ligne

Quai de la Ligne

Jardin
des Doms

Rue des Trois Colombes

Boulevard du Rhône

Musée du Petit Palais

Pont Edouard Daladier

Montée
Jean XXIII

Rue de la Banasterie

Rue de la Campane

Palais des Papes ★

Allée de l'Oulle

Place de l'Horloge

L'Essentiel

Rue Carnot

Rue Paul Sain

Boulevard de Loulle

Place Pie

Rue des Fourbisseurs

Rue d. l. Bonneterie

Rue

Thiers

Rue Philonarde

Rue Victor Hugo

Rue d'Annanelle

Rue de la République

Rue Joseph Vernet

Musée Anglanon

Collection Lambert

Rue des Lices

Boulevard Raspail

Rue Saint-Charles

Ginette et Marcel

Rue de la Bourse

200 m
219 yd

---

10 Euro | 5, Rue Violette | collectionlam bert.fr | ◷ 1–1½ Std.

ESSEN & TRINKEN

GINETTE ET MARCEL

INSIDER-TIPP
Jung, fröhlich, lecker

Belegte Brote, warm oder kalt, alle äußerst kreativ, serviert von einem jungen Team auf einem Platz mit Brunnen und Platanen abseits jeglicher Touristenströme!

Teste unbedingt auch die Toilette. Deren Dekoration ist das absolute Highlight! *Tgl. | 25–27, Place des Corps Saints | Tel. 04 90 85 58 70 | €*

L'ESSENTIEL

Wenn gutes Essen für dich essenziell ist, bist du hier richtig. Außerdem gibts einen schönen Innenhof. Reservieren oder früh kommen! *So/Mo geschl. | 2, Rue Petite Fusterie | Tel. 04 90 85 87 12 | restaurantlessentiel.com | €€–€€€*

LE BERCAIL

Du sitzt direkt am Wasser mit schönem Blick auf die Brückenruine in der Rhône. Auf der Insel Barthelasse serviert das Restaurant mit seiner Terrasse unter uralen Platanen provenzalische Klassiker oder Pizza. *Sommer tgl., Okt.–März außer Fr/Sa abends geschl. | 162, Chemin des Canotiers | Tel. 04 90 82 20 22 | restaurant-lebercail.fr | €–€€*

MÄRKTE

Dienstags bis sonntags findet vormittags der Wochenmarkt in den *Halles (Place Pie)* statt, Blumen gibt es am Sa, einen Flohmarkt So auf der *Place des Carmes* und ein Allerleimarkt lädt Sa/So an der Stadtmauer *(Rempart Saint-Michel)* zum Bummeln ein.

SPORT & SPASS

ÎLE PIOT-BARTHELASSE

Die Doppelinsel ist ein ideales Terrain für Radfahrer, die am Rhôneufer den schönsten Blick auf den Papstpalast und die Saint-Bénézet-Brücke bekommen. Vom Gratisparkplatz aus sind zwei Radwege (14 km für Mountainbike, 12,7 km für alle Räder) ausgeschildert. Bei *Daytour (10, Chemin de la Barthelasse | Tel. 04 90 80 63 50 | daytour.fr)* kannst du Räder mit oder ohne Antrieb mieten.

FESTIVALS

Papstpalast, Kirchen, Kardinalsresidenzen und Bürgerhäuser bilden jeden Juli eine beeindruckende Kulisse für das *Festival d'Avignon,* die größten Theaterfestspiele der Welt, die – zusammen mit dem *Festival Off* – Tausende von jungen Leuten in die Stadt locken, die dann zu einer einzigen großen Bühne wird.

AUSGEHEN & FEIERN

In der Festspielzeit geht es überall in der Stadt hoch her, dann kommt Avignon erst in den frühen Morgenstunden wirklich zur Ruhe. Außerhalb des Sommers trifft sich die Szene gern im *Bistrot Utopia* und an derselben Adresse im *Grand Café (4, Rue des Escaliers/Rue Sainte-Anne)*. Elektropartys an verschiedenen Orten in der Stadt organisiert *Bassline Party (basslineparty.com)*.

RUND UM AVIGNON

⓵ CHÂTEAUNEUF-DU-PAPE

17 km nördlich von Avignon/25 Min. über die D 225, D 907 und D 17

In diesem Dorf wurde Weingeschichte geschrieben. Schon Papst Johannes XXII. hatte im 14. Jh. den roten Tropfen von den Hügeln nördlich von Avignon zu seinem Favoriten gekürt. 1936 bekamen die Weinberge um Châteauneuf Frankreichs erste Herkunftsbezeichnung Appellation d'Origine Protégée (AOP). Wer den großen Roten verkosten möchte, ist bei *Vinadéa (8, Rue Maréchal Foch | vinadea.com)* gut aufgehoben: Hier bietet der Winzerverband Flaschen von fast 90 Gütern an. *Ⅲ E3*

Das Amphitheater in Nîmes: stimmungsvolle Kulisse für Konzerte

2 VILLENEUVE-LÈS-AVIGNON

*3 km nordwestlich von Avignon/
35 Min. zu Fuß über die Rhône*

Die Stadt der Kardinäle (12 000 Ew.) mit dem schönsten Blick auf Avignon, die Stadt der Päpste. Außer den eindrucksvollen Festungs- und Klosterbauten sind am westlichen Rhôneufer gegenüber von Avignon Kunstschätze von Weltgeltung zu bewundern. Lohnend ist der Besuch der *Chartreuse du Val de Bénédiction (April–Sept. tgl. 9.30–18.30, Okt.–März 10–17 Uhr | 8 Euro | 60, Rue de la République | chartreuse.org | ⏱ 1½ Std.),* des ältesten Kartäuserklosters Frankreichs aus dem 14. Jh. Die Anlage, eine regelrechte Stadt in der Stadt, ist bei den Theaterfestspielen ein toller Schauplatz für Aufführungen.

Die Festung und Klosterruine *Fort et Abbaye Saint-André (tgl. 10–13 und 14–17, Juni–Mitte Sept. 10–18 Uhr | 6 Euro | fort-saint-andre.fr | ⏱ 1½ Std.)* auf dem Berg Andaon begeistert mit ihren italienischen Gärten. Der westliche Turm bietet eine herrliche Aussicht auf Avignon. 176 Stufen hat die Treppe in der *Tour Philippe-le-Bel (Mai– Okt. Di–So 10–12.30 und 14–18, Feb.– April und Nov. 14–17, Mi auch 10–12 Uhr | 3,50 Euro | villeneuvelesavignon. fr)* mit der Aussichtsplattform für den Blick auf Mont Ventoux und Luberon.

Der Louvre hätte ihn gerne, aber Villeneuve hat seinen Schatz verteidigt: Die Marienkrönung von Enguerrand Quarton, *das* Werk der französischen Gotik. Zu sehen ist es im *Musée Pierre de Luxembourg (Mai–Okt. Di–So 10– 12.30 und 14–18, Nov./Dez. und Feb.– April 14–17, Mi auch 10–12 Uhr | 3,60 Euro).* ⬚ E4

3 PONT DU GARD ★

26 km westlich von Avignon/30 Min. über die N 100

2000 Jahre alt und immer noch die schönste Wasserleitung der Welt: Das dreistöckige, 49 m hohe und im obersten Teil 275 m lange Aquädukt über den Fluss Gardon rund 20 km westlich von Avignon ist eine Augenweide. Die Römer haben die Brücke im 1. Jh. als Teil der knapp 50 km langen Leitung konstruiert, die Tag für Tag 20 000 m³ Wasser von der Quelle der Eure bei Uzès nach Nîmes spülte, das damals über 100 000 Ew. zählte. Der Pont du Gard, von der Unesco als Welterbe eingestuft, ist heute Teil der großen Anlage *Domaine du Pont du Gard* mit Restaurant, Boutiquen, sehenswerten Multimediaausstellungen, dem sehr informativen und schönen Wanderweg *Mémoires de Garrigue*, Badestrand und Dokumentationszentrum. Am Ufer kann man auch herrlich picknicken und wer Badesachen eingepackt hat, kann unterhalb der Brücke im Fluss schwimmen. Besuchern mit Auto sind die bewachten Parkplätze zu empfehlen. *Tgl. 9–18, März/April und Okt. bis 20, Mai bis 21, Juni und Sept. bis 22, Juli/Aug. bis 23 Uhr | ab 8,50 Euro | pontdugard.fr |* ⏱ *1½–3 Std. |* 🗺 *D4*

> **INSIDER-TIPP**
> **Mit Baguette und Badehose**

4 NÎMES

45 km südwestlich von Avignon/ 40 Min. mit dem Zug

Weltberühmte Architekten wie Jean Nouvel, Philippe Starck oder Sir Norman Foster haben der uralten Römerstadt (137 000 Ew.) ein modernes Gesicht gegeben. Sehr gut erhalten sind der römische Tempel, die sogenannte *Maison Carrée (März und Okt. tgl. 10–13 und 14–18, April/Mai und Sept. 10–18.30, Juni 10–19, Juli/Aug. 9.30–20, Nov.–Feb. 10–13 und 14–16.30 Uhr | 6 Euro | Place de la Maison Carrée | arenes-nimes.com |* ⏱ *1 Std.),*

und das Amphitheater, die *Arènes (März/Okt. tgl. 9–18, April/Mai und Sept. 9–18.30, Juni 9–19, Juli/Aug. 9–20, Nov.–Feb. 9.30–17 Uhr, keine Besichtigung bei Stierkämpfen und Konzerten | 10 Euro | Blvd. des Arènes | arenes-nimes.com |* ⏱ *1½–2 Std.).* Beide Bauten wurden im 1. Jh. zu Ehren von Kaiser Augustus und seinen beiden Söhnen im Herzen der Stadt errichtet. Für den Besuch von Arena, Maison Carrée und Tour Magne, dem römischen Wehrturm auf einem Hügel oberhalb der Stadt, gibt es ein Kombiticket für 13 Euro. Bei der Stierkampfferia an Pfingsten wird die ganze Innenstadt zum Festplatz.

Ganz neu ist das *Musée de la Romanité (Mi–Mo 10–18, April–Okt. bis 19 Uhr | 8 Euro | museedelaromanite.fr |* ⏱ *1½ Std.),* ein Museum über die Antike in einem modernen Bau direkt am Amphitheater. Von seiner 👁 kostenlos zugänglichen Dachterrasse genießt du ein schönes Panorama über die Stadt.

Das ganze Jahr über geöffnet hat *La Bodeguita (tgl. | Place d'Assas | Tel. 04 66 58 28 27 | royalhotel-nimes.com | €)* mit Tapasbar, die auch preisgünstige Weine der Region serviert und Kunstausstellungen und Abende mit Livemusik organisiert. 🗺 *C4*

ARLES

🗺 *D5)* **Was ergibt eine Mischung aus Spuren der Römer, des Mittelalters und van Goghs? Gewürzt mit zeitgenössischer Fotografie (rencon** *tres-arles.com)* **und Stierkampf** *(fe riaarles.com),* **das Ganze mit ein bisschen marodem Charme? Das ist die Stadt Arles (55 000 Ew.)!**

Sie ist eine der ältesten Städte Frankreichs und lebt mit einer gelassenen Selbstverständlichkeit im Einklang mit Vergangenheit und Gegenwart. Die Altstadt mit ihren Plätzen, Gassen und Gebäuden lohnt einen ausgedehnten Spaziergang. Für die Sehenswürdigkeiten und Museen gibts im Office de Tourisme verschiedene Pässe ab 9 Euro.

SIGHTSEEING

LES ARÈNES
(AMPHITHEATER) ★ ⚑

Eines der größten Amphitheater der Römerzeit (1. Jh.), im Mittelalter als befestigte Stadt in der Stadt ausgebaut und im 19. Jh. wieder freigelegt, ist die Arena heute eine Hochburg für unblutige Stierkämpfe und darüber hinaus auch Schauplatz für Konzerte und Folkloreveranstaltungen. Älter und kleiner ist das *Théâtre Antique* ein paar Schritte entfernt. Von der antiken Bühne sind zwei Marmorsäulen erhalten. *Mai–Sept. tgl. 9–19, März/April und Okt. 9–18, Nov.–Feb. 10–17 Uhr | 9 Euro | Rond-point des Arènes |* ⊙ *1 Std.*

MUSÉE RÉATTU

Im sorgsam renovierten ehemaligen Malteserpalast am Rhôneufer sind neben knapp 60 Zeichnungen von Pablo Picasso Skulpturen und Gemälde von anderen Künstlern wie Ossip Zadkine, César Baldaccini oder Germaine Richier ausgestellt. *Di–So 10–17, März–Okt. bis 18 Uhr | 6 Euro, bei Ausstellungen*

mehr | 10, Rue du Grand Prieuré | museereattu.arles.fr | ⊙ *1 Std.*

THERMES DE CONSTANTIN

Nur ein kleiner Teil der römischen Thermen, die unter Kaiser Konstantin im 4. Jh. gebaut wurden, ist freigelegt, aber dennoch ist dies die größte Anlage ihrer Art, die in der Provence noch existiert. *Saisonal wechselnde Zeiten, Kernzeit tgl. 10–12 und 14–17 Uhr | 4 Euro | Zugang über die Rue Maïsto, gegenüber Musée Réattu*

FONDATION VINCENT VAN GOGH

Der verlorene Sohn kehrt zurück in die Stadt, in der er die meisten seiner Meisterwerke geschaffen hat. Ewig lang gab es kein einziges Original von van Gogh in Arles. Nun hat die Fondation Vincent van Gogh ein Haus aus dem 15. Jh. zum Museum für den Maler umgebaut und zeigt Bilder aus dessen reicher Schaffenszeit in der Provence, oft mit zeitgenössischer Kunst konfrontiert. *Stark gestaffelte Zeiten, Kernzeit Di–So 11–18 Uhr | 9 Euro | 35ter, Rue du Docteur Fanton | fondationvincentvangogh-arles.org |* ⊙ *1¼ Std.*

INSIDER-TIPP
Van Goghs Rückkehr nach Arles

SAINT-TROPHIME

Die Kirche aus dem 11./12. Jh. neben dem barocken Rathaus birgt zwei Perlen: Der Kreuzgang *(cloître)* gehört zu den elegantesten Bauwerken in der Provence, das Kirchenportal aus dem 12. Jh., das mit seinen Skulpturen das Weltengericht darstellt, gehört zum Unesco-Weltkulturerbe. *Kreuzgang Mai–Sept. tgl. 9–19, März/April und*

Okt. 9–18, Nov.–Feb. 10–17 Uhr | 5,50 Euro | Place de la République

ESPACE VAN GOGH

Zwischen Februar 1888 und Mai 1889 hat der niederländische Maler mehr als 300 Werke in Arles geschaffen, aber kein einziges Bild von ihm ist in der Stadt geblieben. Dafür wurde der Garten des ehemaligen Krankenhauses, heute eine Mediathek mit Cafés und Boutiquen, nach seinen Zeichnungen wieder angelegt. *Frei zugänglich | Place Félix Rey*

MUSÉE DÉPARTEMENTAL ARLES ANTIQUE

In dem architektonisch gewagten dreieckigen Gebäude an den Überresten des Cirque Romain haben die antiken Schätze der Stadt ihre Heimat. Das Museum mit seinen Stadtmodellen und Ausstellungsstücken wie den Grabdenkmälern aus dem Alyscamps-Friedhof öffnet die Augen für die Besichtigung der heutigen Stadt. Sehenswerte Wechselausstellungen. *Mi–Mo 10–18 Uhr | 8 Euro | Av. 1ère Division France Libre | arles-antique.cg13. fr | ⊙ 1½ Std.*

LUMA ARLES

Auf dem Gebiet der ehemaligen SNCF-Werke erhebt sich seit Kurzem der weithin sichtbare, von Frank Gehry entworfene Turm des im Entstehen begriffenen Kulturzentrums Luma. Die eigentliche Eröffnung ist für 2020

geplant, aber schon jetzt gibt es in einigen Gebäuden Wechselausstellungen, eine Boutique und ein Restaurant. Außerdem werden kostenlose Führungen angeboten. *Mi–So 11–18 Uhr | Eintritt frei | 45, Chemin des Minimes | luma-arles.org*

ESSEN & TRINKEN

L'ATELIER

Starkoch Jean-Luc Rabanel zelebriert seine Menüs mit bis zu 13 Vorspeisen und Hauptgerichten aus originellen alten Gemüsesorten und Kräutern, die im eigenen Biogarten wachsen. Weinkarte mit regionalen Spezialitäten. Ein paar Eingänge weiter in Hausnummer 21 betreibt er das etwas günstigere *Bistro À Côté (Mo/Di geschl.). Mo/Di geschl. | 7, Rue des Carmes | Tel. 04 90 91 07 69 | rabanel.com | €€€*

AU BRIN DE THYM

Typisch provenzalisch sind hier nicht nur die Zutaten und Gerichte, sondern auch die Größe der Portionen und die gemütliche Enge des Saals. *Di/Mi geschl. | 22, Rue du Docteur Fanton | Tel. 04 90 97 85 18 | au-brin-de-thym. lafourchette.rest | €–€€*

LE PLAZA – LA PAILLOTTE

Regionale Küche mit Stierfleisch, Reis aus der Camargue, Auberginenkaviar oder einem exzellenten Fischtopf in der Altstadt nicht weit von der Rhône entfernt. Im Sommer hübsche Terrasse. *Außer Fr–So mittags geschl., im Winter nur sporadisch geöffnet | 28, Rue du Docteur Fanton | Tel. 04 90 96 33 15 | Facebook | €–€€*

L'ENTREVUE

INSIDER-TIPP
Kultureller Chill-out

Lesen, Essen, Schwitzen, das sind die drei Hauptzutaten dieses kleinen, feinen Kulturzentrums des Verlags Actes Sud direkt am Rhôneufer. Es vereint Restaurant, Programmkino, Buchhandlung, Galerie und sogar ein Hamam *(Frauen tgl. 9–17, Di und Fr bis 22, Männer Do und Sa 17.30–22, Paare Mo und Mi 17.30–22 Uhr)* unter einem Dach. Das Restaurant serviert französische und nordafrikanische (Couscous!) Spezialitäten. *Tgl. | Place Nina Berberova | Tel. 04 90 93 37 28 | lentrevue-restaurant.com | €–€€*

SHOPPEN

Mit rund 600 Händlern ist der Samstagsmarkt am *Blvd. des Lices* einer der größten in der Region. Wochenmarkt ist Mi auf dem *Blvd. Émile Combes.* Der exquisite Musikverlag *Harmonia Mundi (3, Rue du Président Wilson | harmoniamundi.com)* verkauft seine CDs im eigenen Geschäft. Im *Atelier Bouton d'Or (23, Rue de la Liberté)* kannst du Bekleidungsunikate der Marken LoA LiS und La Bille erstehen und gleichzeitig zuschauen, wie die Designerin arbeitet.

FESTE

Zu Ostern und Anfang September steigt in Arles die *Feria (feriaarles.com),* das heißt mehrere Tage (blutiger!) Stierkampf mit Rahmenprogramm. Die Musiker, die zum Festival *Les Suds (suds-arles.com)* im Juli eingeladen werden, kommen aus den Ländern

Eine Burg mit Dachterrasse: toller Ausblick bis zur Rhône vom Château de Tarascon

rund ums Mittelmeer, aus Afrika und Südamerika und verzaubern während ein paar lauen Sommernächten die Zuschauer mit ihren Klängen im antiken Theater.

AUSGEHEN & FEIERN

CARGO DE NUIT

Musikbar mit Tapasrestaurant und Livekonzerten. *7, Av. Sadi-Carnot | cargodenuit.com*

RUND UM ARLES

5 MONTMAJOUR

6 km nordösltich von Arles/15 Min. über die D 17

Die ehemalige Benediktinerabtei ist schon von Weitem zu sehen. Die Anlage mit der Kirche Notre-Dame, der Krypta und dem Kreuzgang aus dem 12. Jh., im Mittelalter auf einer Insel im Schwemmland gebaut, ist von der Unesco als Weltkulturerbe eingestuft. *April/Mai tgl. 10–17, Juni–Sept. 10–18.30, Okt.–März Di–So 10–17 Uhr | 6 Euro | abbaye-montmajour.fr | ⏱ 1–1½ Std. | ⌑ D5*

6 CHÂTEAU DE TARASCON

18 km nördlich von Arles/30 Min. über die D 35

Es war einmal ... ein König, der sollte regieren, wollte aber lieber tanzen. So könnte das Märchen des *Schlosses von König René (April tgl. 9.30–17, Mai–Sept. 9.30–18.30, Okt.–März Di–So 9.30–12.30 und 14–17 Uhr | 7,50 Euro | chateau.tarascon.fr)* beginnen, wenn man die spätere Geschichte mit Revolutionsgarden und Gefängniszellen auslässt. Von der Dachterrasse der Burg aus dem 15. Jh. hast du einen tollen Ausblick auf Rhône und Stadt. Von hier aus wurde ehemals die im

Fluss verlaufende Grenze zwischen der Provence und Frankreich überwacht; später spielte sich hier so manches Schäferstündchen ab – und in den Revolutionsjahren wurden unliebsame Gefangene umgebracht. *□□ D4*

☷ SAINT-RÉMY-DE-PROVENCE

26 km nordöstlich von Arles/30 Min. über die D 570N und die D 99

So sieht eine typische provenzalische Kleinstadt aus: in der Umgebung Spuren aus der Römerzeit, ein mittelalterliches Zentrum, Cafés im Schatten von Platanen, Galerien und Kunsthandwerker. Saint-Rémy (10 000 Ew.) ist im Sommer überlaufen, entfaltet aber außerhalb der Hochsaison ungeheuren Charme. Sehenswert: die Ausgrabungsstätte der antiken Stadt *Glanum (April–Sept. tgl. 9.30–18, Okt.–März Di –So 10–17 Uhr | 8 Euro | site-glanum.fr)* 1 km südlich des Stadtzentrums.

Vincent van Gogh lebte 1889/1890 in der Heilanstalt des ehemaligen Klosters *Saint-Paul de Mausole (April–Okt. tgl. 9.30–18.45, Nov.–März 10.15–17.15 Uhr | 5 Euro | saintpaulemausole.fr | ☉ 45 Min.),* das heute noch als psychiatrisches Krankenhaus genutzt wird und auf Kunsttherapie setzt. Die berühmte Allee mit den Schwertlilien gibt es immer noch, neu dazugekommen ist ein schön angelegter Garten. *□□ E4*

☷ ALPILLES

20km bis Les Baux-de-Provence nordöstlich von Arles/35 Min. über die D 17

Höher als 500 m ist kein einziger Gipfel der „Kleinen Alpen", aber der Gebirgszug, der nordöstlich von Arles über dem Schwemmland der Rhône aufsteigt, muss sich mit seinen Schluchten und Tälern nicht vor viel höheren Bergen verstecken. Am Fuß der weißen Felsen wachsen die meisten Olivenbäume Frankreichs, liefern

Blühender Mohn, Weinberge, Olivenhaine: Les Alpilles

Reben die Trauben für exquisite Weine. Im Dörfchen *Fontvieille* auf halbem Weg in die Alpilles steht eine restaurierte *Windmühle,* von der du einen schönen Ausblick hast. Ein paar Kilometer weiter an der D 33A verkaufen gleich mehrere Olivenbauern ab Hof ihr eigenes Öl, z. B. *Mas de l'Ange (masdelange.fr).*

Die Krone der Alpilles sind aber die Burgruine *Château des Baux de Provence (Juli/Aug. tgl. 9–20, April–Juni und Sept. 9–19, März und Okt. 9.30–18.30, Nov.–Feb. 10–17 Uhr | 8–10 Euro | chateau-baux-provence.com)* und das stark frequentierte Dorf ⭐ *Les Baux-de-Provence (lesbauxdeprovence. com).* Der Blick von der Felsenkuppe der ehemaligen Minnesängerburg auf die Ebene und bis zur Camargue ist atemraubend. Achtung, manchmal wird auf dem Burgplateau geschossen, und zwar während der Vorführungen mit mittelalterlichen Waffensystemen! Aber keine Sorge – die Wurfgeschosse sind heutigen Datums und autodachaufprallkompatibel.

Am Eingang zum mittelalterlichen Dorf serviert die *Hostellerie de la Reine Jeanne (tgl. | Tel. 04 90 54 32 06 | lareinejeanne.com | €)* preisgünstige regionale Spezialitäten auf der großen Sommerterrasse oder im Saal mit Blick aufs Tal. Unterhalb des Dorfs reihen sich im *Val d'Enfer* Gourmetrestaurants wie der Feinschmeckertempel (mit Luxushotel) *L'Oustau de Baumanière (Sommer tgl., Frühling und Herbst Mi/Do geschl. | Tel. 04 90 54 33 07 | baumaniere.com | €€€)* oder *La Cabro d'Or (Mitte Okt.–Mitte April So-Abend, Di-Mittag und Mo geschl. | Tel. 04 90 54 33 21 | baumaniere.com | €€€)* aneinander. Im Oustau kann man übrigens auch der Wellness frönen. Das Spa arbeitet insbesondere mit Olivenprodukten. Besonders ökologisch engagiert ist man im Hotelrestaurant *Mas de l'Oulivié (abends geschl. | Tel. 04 90 54 35 78 | masdeloulivie.com | €€€)* im Tal ein paar Meter weiter.

In den Steinbrüchen im Val d'Enfer lohnt ein Besuch der Multimediashow in den *Carrières de Lumières (März–Sept. tgl. 9.30–19, Okt.–Jan. 10–18 Uhr | 13 Euro, Kombiticket mit Burg Les Baux 16,50 Euro | Route de Maillane | carrieres-lumieres.com).*

Weitere lohnende Ziele in den Alpilles sind Dörfer wie *Aureille* (Stierfest Mitte August), *Mouriès* (Golfplatz), *Eyguières* (Schloss Roquemartine) oder *Eygalières* mit seiner romanischen Kapelle *Saint-Sixte.* | 🗺 *D–E5*

🔢 SALON-DE-PROVENCE

45 km östlich von Arles/50 Min. über die N 113 und die A 54

Schön herausgeputzt ist das historische Zentrum der sympathischen Kleinstadt (37 000 Ew.). Mach einen Spaziergang hinauf zum Schloss und schau in der alten Seifenfabrik *Savonnerie Marius Fabre (Mo–Sa 9.30–12.30 und 14–17.30, Juli/Aug. bis 19 Uhr, Weihnachtsferien geschl. | Eintritt frei | 148, Av. Paul Bourret | marius-fabre.fr | ⏱ inkl. Führung 1½ Std.)* in der Nähe des Bahnhofs vorbei. Dort kannst du die Kessel bestaunen, die mittlerweile die vierte Generation Seifenfabrikanten begleiten. Das Endergebnis, die Seife, ist ein ganz besonderes Mitbringsel. Exzellente provenzalische

Ein Großereignis ist die Zigeunerwallfahrt jeden Mai in Saintes-Maries-de-la-Mer

Küche und Desserts nach Omas Rezepten serviert Familie Miège im Restaurant *La Salle à Manger (So/Mo geschl. | 6, Rue Maréchal Joffre | Tel. 04 90 56 28 01 | Facebook | €€).* 🔲 *F5*

🔟 CAMARGUE ⭐

12 km bis zum Musée de la Camargue südwestlich von Arles/20 Min. über die D 570

Wusstest du, dass Flamingos auf der Stelle joggen? Das glaubst du nicht? Nimm dir ein wenig Zeit und beobachte die 🚩 Flamingos in der Camargue (am besten natürlich die, die nicht auf einem Bein stehen und den Schnabel unter dem Flügel haben): Du wirst es mit eigenen Augen sehen und nicht enttäuscht werden!

Auch vom Rest der Camargue übrigens nicht: In diesem topfebenen Delta der Rhône gibt es Reisfelder, so weit das Auge reicht, Salzgärten, endlos scheinende Weiden für die schwarzen Stiere und weißen Camarguepferde. Ein Teil des Gebiets ist zwar als nationales Vogelreservat geschützt und nicht zugänglich – aber in den Sümpfen kämst du ohnehin kaum vorwärts; ganz wie die Flamingos eben, die nämlich „joggen", um den Boden aufzulockern und so nach Nahrung zu suchen.

Die Camargue lässt sich mit dem Schiff *Tiki III (März–Nov. | 13 Euro | Saintes-Maries-de-la-Mer | Tel. 04 90 97 81 68 | tiki3.fr)* entdecken, auf dem Pferd, zu Fuß oder mit dem Rad. Die ca. 50 km langen Sandstrände liegen zum Großteil im Naturschutzgebiet und sind nur per Rad oder zu Fuß zu erreichen. Es bleiben aber noch genügend andere, z. B. jene bei Saintes-Maries-de-la-Mer. Die schönsten sind die 🏖 *Plage de Piémanson* in der Nähe von Salin-de-Giraud mit 7 km Sandstrand, kostenlosen Parkplätzen und FKK-Bereich, die 🏖 *Plage de Beauduc,* vor allem bekannt als Kitesurfspot, aber auch dafür, dass man sie nur über eine fast 7 km lange Schotterpiste (nur PKW erlaubt!) erreicht. Die 🏖 *Plage de l'Espiguette* ganz im Westen mit FKK-Bereich ist mit ihren Dünen eine besondere Naturschönheit.

Exzellente Informationen gibt es im 👁 *Musée de la Camargue (April–Sept. tgl. 9–12.30 und 13–18, Okt.–März Mo und Mi–Fr, Okt., Feb. und März auch Sa/So 10–12.30 und 13–17 Uhr | 7 Euro, Kinder 4 Euro, unter 10 Jahren frei | D 570 | Mas du Pont de Rousty | parc-camargue.fr | ⏱ 1¼ Std.),* das einen 3,5 km langen Entdeckungspfad angelegt hat. Einen großen Vogelpark, den 👁 *Parc Ornithologique du Pont-*

de-Gau *(tgl. 9, Winter 10 Uhr–Sonnen-untergang | 7,50 Euro, Kinder 4–12 Jahre 5 Euro | parcornithologique.com)*, in dem sogar im Winter einige Flamingos leben, schließt das *Centre d'Information de Ginès (Sa–Do 9–18, im Winter bis 17 Uhr | D 570 | Pont-de-Gau)* ein. Die einst so wichtige Salzgewinnung in der Camargue ist mittlerweile erheblich reduziert. Im Süden des kleinen Arbeiterdorfs Salin-de-Giraud an der D 36 zeigt eine Aussichtsplattform das verblüffende Farbenspektrum der einzelnen Becken, in denen die Sonne das Meerwasser verdunsten lässt und so die Kristalle freigibt. ▢ *B–D 5–6*

INSIDER-TIPP
Welche Farbe hat das Salz?

⑪ SAINTES-MARIES-DE-LA-MER

38 km südwestlich von Arles/45 Min. über die D 570

Ob schick ausstaffierte Roma-Mamas oder Damen aus Arles, *gardiens* auf ihren Pferden oder Straßenmusiker, für sie alle geht es hoch her während der großen Wallfahrt der Sinti und Roma für die heilige Sara am 24./25. Mai. Schon Tage davor beginnt der Ort zu brodeln, da wird getanzt, musiziert, gegessen und getrunken.

Aber glaub nicht, den Rest des Jahres über wäre es ruhig: Der Ort ist Bade- und Urlaubsort Nummer eins der Camargue und vervielfacht seine Einwohnerzahl (ca. 2400) im Juli und August.

INSIDER-TIPP
Kirche von oben

Wenn du den Massen entkommen willst, steig einfach der Kirche aufs Dach und genieß die Aussicht auf den Trubel, die Camargue

und das Meer *(Kirche tgl. 8–18, Dachterrasse Kernzeit tgl. 10–12 und 14–17 Uhr | 2,50 Euro)!* Die Kirche selbst, deren Anfänge bis aufs 9. Jh. zurückgehen, hat es übrigens im Wortsinn in sich: Sie ist voll von ehrwürdigen Reliquien, handgeschriebenen Bittschriften sowie diversen Votivgaben. Dazu gibt es einen 40 m tiefen Brunnen, der in früheren Zeiten beim Verstecken vor Piratenangriffen überlebenswichtig war. ▢ *C6*

SCHÖNER SCHLAFEN IM WESTEN

WELLNESS IM WINZERHAUS

20 km nördlich von Avignon beherrscht der Minimalismus das historische Winzerhaus *Maison Felisa (6, Rue des Barris | Saint-Laurent-des-Arbres | Tel. 04 66 39 99 84 | maison-felisa.com | €€€)*. Die gedeckten Farben und das unaufgeregte Design lenken nicht von den opulenten Wellnessangeboten ab. Wer sich gleich doppelt entspannen will, bleibt in einem der fünf *chambres d'hôtes* über Nacht.

GÄSTEZIMMER IM WEINBERG

Nur ein paar Kilometer von Châteauneuf-du-Pape hat die Winzerfamilie Paumel auf ihrem Weingut *Château du Mourre du Tendre (400, Route des Plaines | Courthezon | Tel. 04 90 70 24 96 | chateaudumourredutendre.com)* zwei Gästezimmer *(€€)* und eine Suite *(€€€)* im Weinberg mit Swimmingpool und Blick auf den Mont Ventoux eingerichtet.

DER OSTEN

PROVENCE-FEELING UND LAVENDELFELDER

Auch wenn der Osten mit seinen viel besuchten Zielen wie den Bilderbuchdörfern des Luberon oder der Cézanne-Stadt Aix-en-Provence keine unentdeckten Winkel mehr bereithält, findest du auch hier immer wieder Flecken unberührter Natur, ruhige Schattenplätze unter Olivenbäumen oder einsame Sträßchen zum gemütlichen Dahingondeln.

Viele Promis haben sich hier ihre Sommerresidenzen gesichert (und so dazu beigetragen, dass die Immobilienpreise enorm gestiegen

Zur blauen Stunde auf einen Aperitif ins Straßencafé: Place de l'Hôtel de Ville in Aix

sind), weil es hier im Sommer nicht so voll wird wie in meernäheren Gebieten. Dieser Teil der Provence kennt außerdem ganz besonders viele lokale Spezialitäten – und zwar nicht nur Lavendelprodukte. In Straßencafés, auf Bouleplätzen, auf Märkten oder beim Opernfestival in Aix wird das Savoir-vivre spürbar, diese französische Kunst, das Leben zu genießen – und das nicht nur im Sommer, sondern auch im Winter, wenn der eiskalte Mistral bläst.

DER OSTEN

OCCITANIE

13 Carpentras

12 Pernes-les-Fontaines

11 Venasque ★

75 km, 1½ Std.

4 Sénanque ★

9 Fontaine-de-Vaucluse

3 Gordes

2 Roussillon

1 Apt

10 L'Isle-sur-la-Sorgue

5 Oppède-le-Vieux

L u b e r o n S.76

6 Lourmarin

7 Ansouis

90 km, 1½ Std.

22 Le Royaume des Arbres Charleval

21 Abbaye Silvacane

S. 88
Aix-en-Provence

Cours Mirabeau ★

Marseille

MARCO POLO HIGHLIGHTS

★ **COURS MIRABEAU IN AIX**
Die Platanenallee mit ihren Cafés, Bummelmeile von Aix, ist eine der schönsten Flanierstraßen der Welt ➤ S. 89

★ **MONTAGNE SAINTE-VICTOIRE**
Der Berg mit seiner markanten Felswand im Hinterland von Aix stand Pate für die moderne Malerei ➤ S. 96

★ **SÉNANQUE**
Das romanische Kloster inmitten von Lavendelfeldern ist *das* Provence-Fotomotiv schlechthin ➤ S. 78

★ **GORGES DU VERDON**
Spektakulär, ob zu Fuß oder im Kanu: der größte Canyon Europas ➤ S. 86

★ **VENASQUE**
Spaziergang durch das Bilderbuchdorf auf einem Felsrücken ➤ S. 82

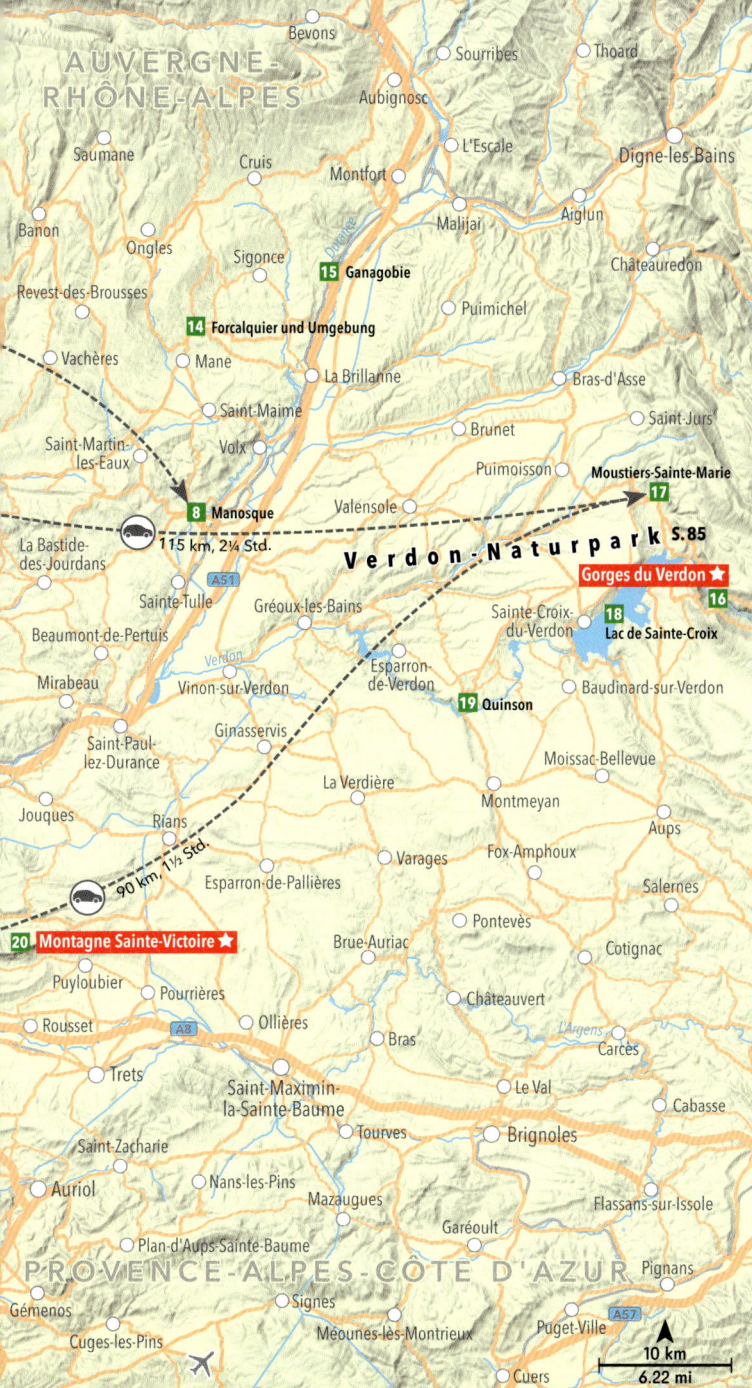

LUBERON

(□ F–G5) **Hier im Luberon sieht die Provence wirklich so aus wie auf Postkarten: romantische Steinhäuser, prächtige Schlösser, wunderschöne Felsendörfer, rostrote Ockersteinbrüche, tiefe Schluchten, fruchtbare Täler und dürre Hochebenen mit atemraubenden Aussichten und im Sommer das i-Tüpfelchen: der violett blühende Lavendel!**

Der Luberon, seit Urzeiten besiedelt, hat sich seinen ganz eigenen, im Wesentlichen von der Landwirtschaft geprägten Charakter erhalten und ist heute im Gefolge der Romane des Briten Peter Mayle wie „Ein Jahr in der Provence" zu einem teilweise schon luxuriösen Kleinod für Entdeckungsreisende geworden, denen Ruhe und Natur wichtig sind.

Zwei Höhepunkte erwarten Wanderer und Kletterer: Die Ausblicke vom 1125 m hohen *Mourre Nègre* sind überwältigend, die Felswände bei der ehemaligen Festungsanlage Buoux ein Genuss für Extremsportler. Der *Naturpark Luberon (Parc Naturel Régional du Luberon)* mit insgesamt 67 Gemeinden zwischen Cavaillon und Manosque hat sehenswerte Routen zu ausgewählten Themen im Gebiet ausgearbeitet.

Eine historische Strecke beispielsweise folgt den Spuren der Waldenser, die im frühen Mittelalter die Region besiedelten, wegen ihres Glaubens aber im 16. Jh. grausam abgeschlachtet wurden. Vernichtet wurden ganze Waldenserdörfer wie Mérindol, La-

coste, Lourmarin, Cabrières d'Aigues, Oppède oder Buoux.

Eine Renaissance erlebt die Herstellung von Lavendelöl im Luberon. Informationen über den Duft aus violetten Blüten und Routenvorschläge gibt es unter *grande-traversee-alpes.com*. Lohnend ist auch ein Besuch im Lavendelmuseum von Coustellet, dem *Musée de la Lavande (Feb.–April und Okt.–Dez. tgl. 9–12.15 und 14–18, Mai–Sept. 9–19 Uhr | 8 Euro | 276, Route de Gordes | museedelalavande.com).*

Ein Symbol für den behutsamen Umgang mit der Natur im Luberon ist ausgerechnet eine ehemalige Abschussrampe für Atomraketen auf der Hochebene des Plateau d'Albion: Heute liefert die Sonne die Energie für das Sternerestaurant *Le Bistrot de Lagarde (Mo–Mi geschl. | D 34 | Lagarde-d'Apt | Tel. 04 90 74 57 23 | lebistrotdelagarde. free.fr | €€€)*, das auf 1120 m Höhe mit Naturmaterialien umgebaut wurde und auf Bioprodukte aus der nächsten Umgebung setzt. Eine zweite Abschussrampe nur wenige Kilometer entfernt ist heute ein Mekka für Sterngucker und öffnet das ganze Jahr über nach Anmeldung ihre Tore für Himmelsbeobachtungen mit dem Fernrohr: *Observatoire Sirene (Lagarde-d'Apt | Tel. 04 90 75 04 17 | obs-sirene.com).*

ZIELE IM LUBERON

1 APT

Die Hauptstadt des Luberon (12 000 Ew.) ist das Zentrum der französischen Ockerproduktion und der weltweit größte Produzent kandierter Früchte. Die Geschichte dieser Industrie ist in

Am Samstagmorgen strömt das ganze Umland auf den Marktplatz von Apt

einer ehemaligen Fabrik für kandierte Früchte in der Altstadt aufgezeichnet, im *Musée de l'Aventure Industrielle (Juli/Aug. Mo–Sa 10–12 und 14–18.30, Sept.–Dez. und Feb.–Juni Di–Sa 10–12 und 14–17.30 Uhr | 5 Euro | 14, Place du Postel)*. Wer nach der Besichtigung probieren und auch etwas kaufen möchte, ist bei der *Maison du Fruit Confit (538, Quartier Salignan | lesfleurons-apt.com)* etwas außerhalb an der D 900 Richtung Avignon richtig.

Der *Markt* am Samstagvormittag in den engen Altstadtgassen ist eine Attraktion für die ganze Region. Sehenswert ist die Kathedrale *Sainte-Anne* mit ihrer Krypta auf zwei Ebenen: Das Obergeschoss mit einem Altar aus dem 5. Jh. ist aus romanischem Mau-

erwerk, das Untergeschoss stammt aus der Zeit der Karolinger. Eine Charta für natürliche Kost und regionale Küche hat das Restaurant *Au Platane (So und Mi geschl. | 25, Place Jules Ferry | Tel. 04 90 04 74 36 | €–€€)* unterschrieben.

10 km östlich von Apt im hübschen Dorf *Caseneuve* mit seinem mittelalterlichen Schloss führt der Brasilianer Fabricio Delgaudio das Restaurant mit dem originellen Namen „Faules Wildschwein": *Le Sanglier Paresseux (Di-Mittag und Mo geschl. | Rue Saint-François | Tel. 04 90 75 17 70 | sanglierparesseux.com | €€–€€€.)* Gut 10 km südlich von Apt bei Buoux liegt die *Auberge des Seguins (außer So mittags geschl. | Tel. 04 90 74 16 37 | au*

bergedesseguins.com | €–€€), ein idyllisches Fleckchen Luberon, wo man auf der Steinterrasse rustikal und lecker essen kann und von wo aus einige schöne Wanderwege zu erkunden sind. 📖 *G4*

2 ROUSSILLON

Ein Dorf wie aus dem Malbuch mit seinen leuchtend roten und gelben Hausfassaden unter (normalerweise) blauem Himmel. Roussillon zehrt noch heute von der Ockerindustrie, auch wenn die letzte große Fabrik 1963 ihre Pforten geschlossen hat und zum Ocker- und Pigmentmuseum *Ôkhra (April–Juni tgl. 10–13 und 14–18, Juli/Aug. 10–19, Sept./Okt. 10–18, Nov./Dez. 14–17, Feb./März 10–13 und 14–17 Uhr | 7 Euro | 1,5 km an der D 104 Richtung Apt | okhra.com)* umgewandelt ist. Vor dem Friedhof, nahe der Place Pasquier im Dorfzentrum, beginnt der Ockerweg *Sentier des Ocres (stark gestaffelte Zeiten, Kernzeit tgl. 11–15.30 Uhr, bei Regen und Jan.–Mitte Feb. geschl. | 3 Euro),* der dich durch die Farbenlandschaft im ehemaligen Steinbruch führt. 📖 *F4*

3 GORDES

Im Sommer trotz kostenpflichtiger Parkplätze hoffnungslos überlaufen, gehört der Flecken auf einem Felsen zu den schönsten Dörfern Frankreichs. Das *Renaissanceschloss (tgl. 10–12 und 14–18.30 Uhr | 4 Euro),* einst von Op-Art-Künstler Victor Vasarély restauriert, zeigt heute wechselnde Kunstausstellungen. Spektakulärer geht es ein paar Meter weiter zu, dort hat man auf sieben Ebenen und 18 m Höhen-unterschied unterirdische Gänge erschlossen, die *Caves du Palais Saint-Firmin (April–Okt. tgl. 10–18, Juli/Aug. bis 18.30 Uhr | 6 Euro | Rue du Belvédère | caves-saint-firmin.com),* in denen du mit allen Sinnen Eindrücke aus der Welt der Duftkräuter und der Olivenölherstellung sammeln kannst. Einblicke in die mörtellose Trockensteinbauweise der alten Steinhütten, hier *bories* genannt, gewährt das Freilichtmuseum *Village des Bories (tgl. 9 Uhr–Sonnenuntergang | 6 Euro | le villagedesbories.com)* 3 km vor Gordes Richtung Cavaillon. 📖 *F4*

4 SÉNANQUE ⭐

Das Zisterzienserkloster im Tal des Flüsschens Sénancole liegt nur wenige Kilometer von Gordes entfernt und gehört mit den Abteien von Le Thoronet und Silvacane zu den bedeutendsten romanischen Bauten in der Provence. Der schlichte Bau ohne jegliche Verzierungen liegt abgeschieden (aber stark besucht!) inmitten von Lavendelfeldern und ist für Fotografen eines der beliebtesten Provencemotive überhaupt. Wegen Restaurierungsarbeiten kann es derzeit immer wieder zu Änderungen der Besichtigungszeiten und -modalitäten kommen – aktuelle Infos daher auf der Website checken. *8–9,50 Euro | senanque.fr | ⏱ 1 Std. |* 📖 *F4*

5 OPPÈDE-LE-VIEUX 🚩

Das alte Dorf mit seiner Schlossruine und der inzwischen weitgehend restaurierten Stiftskirche, die im 16. Jh. auf einer Anlage aus dem 10. Jh. gebaut wurde, lag lange fast verlassen

Bilderbuch-Luberon: Auf einem Felsen thront das viel besuchte Gordes

da. Im Zweiten Weltkrieg versteckte sich u. a. die Frau von Antoine de Saint-Exupéry hier. Das Dorf ist eines der schönsten Fotomotive im Luberon. Der Weg mit grobem Pflaster zu Kirche und Schlossruine verlangt gutes Schuhwerk und Kondition. Bequemer ist der Spaziergang durch den Park unterhalb des alten Dorfs oder auf dem Winzerweg *(sentier vigneron)*, für den es eine Broschüre im Kiosk auf dem kostenpflichtigen Parkplatz gibt. Jetzt sind die ersten Häuser renoviert und im neuen Dorf empfägt das *Bistro les Poulivets (Juli/Aug. Mi, Mitte März–Juni und Sept./Okt. Di-Abend und Mi, Nov.–Mitte März abends und Mi geschl. | 400, Rue des Poulivets | Tel. 04 90 05 88 31 | bistrolespoulivets. com | €)*, ein ausgesprochen hübsches

bistrot de pays, Bewohner und Touristen mit provenzalischen Spezialitäten wie z. B. immer freitags dem *aïoli.* *F4*

🄶 LOURMARIN

Eines der Vorzeigedörfer auf der Südseite des Luberon, in dem sich Nobelpreisträger Albert Camus (1913–1960) niedergelassen hatte und in dem er begraben ist. Dominierend ist das *Renaissanceschloss (Juni–Aug. tgl. 10–18.30, Feb.–Mai und Sept.–Dez. Kernzeit 10.30–12.30 und 14.30–16.30, Jan. Sa/So 14.30–16.30 Uhr | 6,80 Euro | chateau-de-lourmarin.com)*, in dem heute eine Künstlerakademie eingerichtet ist. Wie bunt, traditionell und schick zusammenpasst, erlebst du auf dem *Markt* jeden Freitagvormittag.

Eine der Spitzenköchinnen in der Provence ist Reine Sammut, die sich einer Küche ohne Gluten verschrieben hat und an der Straße nach Cadenet neben dem sterngekrönten Gourmetrestaurant *Auberge La Fenière (Mo/Di geschl. | Tel. 04 90 68 11 79 | €€€)* die günstigere, charmante Dependance *Cour de la Ferme (Mi/Do und So-Abend geschl. | €€)* betreibt und auch Kochkurse anbietet.

Die besten Duft- und Heilkräuter im Luberon wie Thymian, Salbei oder Lavendel baut Paula Marty-Chauvin ohne Chemie auf den 25 ha Fläche rund um die *Ferme de Gerbaud (mit Boutique und Besichtigungen 5 Euro | Tel. 04 90 68 11 83 | plantes-aromatiques-provence.com)* ihrer Großeltern 3 km nördlich am Feldweg Chemin de Gerbaud an. ▢ *G5*

☷ ANSOUIS

Der 1000-Ew.-Ort, der zu den „schönsten Dörfern Frankreichs" zählt, schmiegt sich um das mächtige *Château d'Ansouis (April–Okt. Do–Mo Führungen 15, Mitte Juni–Mitte Sept. auch 16.30 Uhr | 10 Euro | chateauansouis.fr)* mit seinen herrlichen Parkanlagen. Das beste Eis der Region stellt ganz in der Nähe in Les Hautes-Terres 5 km in Richtung La Tour d'Aigues Familie Perrière her: Bei *L'Art Glacier (Juli/Aug. tgl. 14–23.30, Mitte April–Juni und Sept./Okt. Mi–So 10–12 und 14–19, Sa bis 23 Uhr | artglacier.com)* **ge**

INSIDER-TIPP
Lavendel-Thymian-Honig-Eis

nießt du spannende Mischungen auf einer Terrasse bei Ansouis mit grandiosem Blick auf den Luberon. Ein sehenswer-

tes *Weinmuseum (Juli/Aug. tgl. 10–12.30 und 15–19.30, April–Juni und Sept./Okt. Mo 14.30–18, Di–Sa 10–12.30 und 14.30–18, Nov.–März Mo/Di 14.30–17.30, Do–Sa 10–12 und 14.30 –17.30 Uhr | 5 Euro | chateau-turcan.com)* hat das Château Turcan 3 km in Richtung Pertuis aufgebaut. ▢ *G5*

☷ MANOSQUE

Die imposante mittelalterliche *Porte Saunerie* ist immer noch das Tor zur weitgehend erhaltenen Altstadt von Manosque (20 000 Ew.) im breiten Tal der Durance. Einst ein Kloster, eine Spinnerei und ein Theater, ist *Sens et Saveurs (So-Abend, Do-Abend und Mo geschl. | 43, Blvd. des Tilleuls | Tel. 04 28 31 69 32 | sensetsaveurs.com | €€)* heute ein Restaurant mit einem großen Gewölbesaal, Sommerterrasse und familiärer Atmosphäre. Manosque ist der Sitz des Unternehmens *L'Occitane (Zone Industrielle Saint-Maurice)*, das für umweltschonend produzierte Kosmetik steht. Die Fabrik (mit kleinem Museum und Garten) kann man nach Vereinbarung *(Tel. 04 92 70 32 08 | reservations.visites@loccitane.com)* kostenlos besichtigen. ▢ *H4*

SPORT & SPASS

Ganztägige Reitausflüge in den Hügeln des Naturparks organisiert *Didier Simonot* von *Cap Rando (Le Mas de Recaute | Chemin de Recaute | Tel. 04 83 43 12 34 | cap-rando.com)* in Lauris oder – auch in deutscher Sprache – *Robi Müller* von *Les Cavaliers du Luberon (Chemin de Lunès | Tel. 06 11 23 26 08 | cavaliers-du-luberon.*

123siteweb.fr) in Cucuron. Den Luberon im Heißluftballon entdecken kannst du mit *Hervé Maucci* von *Montgolfière Vol-Terre (Hameau des Goubauds | Saint-Saturnin-lès-Apt | Tel. 06 03 54 10 92 | montgolfiere-luberon.com).*

RUND UM DEN LUBERON

9 FONTAINE-DE-VAUCLUSE

35 km westlich von Apt/40 Min. über die D 900 und die D 24

Türkises Wasser, das aus der Tiefe sprudelt, über einen Felsrand fließt und sich über riesige runde Steine in sein Flussbett ergießt: Das ist die Quelle der Sorgue in Fontaine-de-Vaucluse. Man hat einen Erkundungsroboter in den *Quelltopf* hinuntergeschickt – das Wasser kommt aus 308 m Tiefe! Allerdings sprudelt die Sorgue nicht das ganze Jahr hindurch in gleicher Stärke. Als Trost, falls die Sorgue oben mal nicht über ihren Topfrand quillt, gibt es unten im Ort die Forellen aus dem Fluss. Und was immer geht: etwa 8 km reines Gleitvergnügen im Kanu flussabwärts – z. B mit *Canoë Evasion (Tel. 04 90 38 26 22 | canoe-evasion.net)!* Keine Angst – flussaufwärts wirst du zurückgefahren.

Im Dorfzentrum steht eine Statue des italienischen Dichters Francesco Petrarca (1304–1374), der hier seine un-

INSIDER-TIPP
Genuss aus dem Fluss

Lavendelduft statt Gülleschwaden: So riecht Landwirtschaft im Luberon

Im kanaldurchzogenen L'Isle-sur-la-Sorgue findest du charmante Essplätzchen en masse

sterbliche Liebe zu Laura de Sade in Versen für die Ewigkeit festgehalten hat. Im *Musée-Bibliothèque Pétrarque (April–Okt. Mi–Mo 13–18 Uhr | 3,50 Euro)* ist auch moderne Kunst von Georges Braque, Joan Miró, Pablo Picasso und Alberto Giacometti zu sehen. ⟦ *F4*

⑩ L'ISLE-SUR-LA-SORGUE
33 km westlich von Apt/35 Min. über die D 900 und die D 901
Das „Klein-Venedig" mit seinen vielen Kanälen und den pittoresken alten Wasserrädern an der Sorgue und Dutzenden von Brücken gehört zu den beliebtesten Zielen von Provencereisenden. Grund dafür sind neben dem malerischen Ortsbild die inzwischen sieben „Antiquitätendörfer", die das 17 000-Ew.-Städtchen zum zweitwichtigsten französischen Handelsplatz

dieser Sparte nach Saint-Ouen in Paris machen, sowie der farbenprächtige Markt jeden Donnerstag und Sonntag. Höhepunkt des Jahres ist der *Marché Flottant* am ersten Augustsonntag, bei dem Händler ihre Waren auf Flachbooten *(nego-chin)* zu den Kunden bringen. Einer der schönsten *Lebensmittelmärkte* Südfrankreichs mit über 100 Händlern, zum Teil auf Bioprodukte spezialisiert, wird in *Velleron* rund 5 km nördlich abgehalten *(April–Sept. Mo–Sa ab 18 Uhr, Okt.–März Di, Fr und Sa ab 16.30 Uhr).* ⟦ *F4*

⑪ VENASQUE ★
32 km nordwestlich von Apt/45 Min. über die D 900 und die D 4
Eines der schönsten Dörfer der Provence, auf einem lang gestreckten Felsrücken gelegen. Ein Spaziergang

durch die engen Gassen mit lauschigen Plätzen führt zu den Sarazenentürmen und eröffnet immer wieder schöne Ausblicke, etwa auf den Mont Ventoux. Die Geschichte des Orts war nicht nur groß, sie lässt sich auch immer noch gut vor Ort entdecken, etwa an der *Kirche* aus dem 12. Jh. und dem *Baptisterium* aus dem 6. Jh., das eines der ältesten christlichen Baudenkmäler in Frankreich ist. Direkt an der Stadtmauer liegt das Hotelrestaurant *Les Remparts (tgl. | Rue Haute | Tel. 04 90 66 02 79 | hotellesremparts.com | €).* ▥ *F3*

🟩 PERNES-LES-FONTAINES
43 km nordwestlich von Apt/50 Min. über L'Isle-sur-la-Sorgue
Warum du das Städtchen (10 000 Ew.) nicht einfach links liegen lassen solltest? Wegen seiner Brunnen! Pernes trägt sie nicht umsonst sogar im Namen, denn es hat sagenhafte 40 Stück davon, von denen die meisten wirklich hübsch sind. Hobbyfotografen werden auf jeden Fall reichlich Motive finden, denn auch das ehemalige Stadttor *Porte Notre-Dame,* die alten Waschhäuser *(lavoirs)* und die Kathedrale *Notre-Dame-de-Nazareth* sind äußerst malerisch. Der Uhrturm *Tour de l'Horloge* lohnt den Aufstieg wegen des tollen Blicks auf den Mont Ventoux und die Dentelles de Montmirail. ▥ *F3*

🟥 CARPENTRAS
43 km nordwestlich von Apt/1 Std. über die D 4
Provinzstadt mit Hauptstadtallüren, so könnte man Carpentras (26 000 Ew.) beschreiben. Es war tatsächlich mal Hauptstadt, nämlich der vom Papst geleiteten Grafschaft Venaissin. Aber diese Zeiten sind lange vorbei, umso skurriler wirken das völlig überdimensionierte ehemalige Krankenhaus, die Kathedrale oder der Bischofssitz.
Drei Dinge solltest du in Carpentras gesehen haben: die glasüberdachte *Passage Boyer* aus dem 19. Jh. (so etwas findet man sonst auch nur in Großstädten), den Tresorraum in der Kathedrale *Saint-Siffrein* mit der Pferdekandare *Saint-Mors,* die aus einem der Nägel des Kreuzes Christi gefertigt sein soll, und den *Freitagsmarkt,* der sich durch die ganze Altstadt zieht. Hier gibt es so gut wie alles und vieles zum Kosten – ideal zum Einkaufen für ein Picknick! Falls du im Win-

INSIDER-TIPP
Sich durchschnuppern und -kosten

terhalbjahr reist, dann ab auf den *Trüffelmarkt:* auch freitags um 9 Uhr – je nach Angebot dauert er aber, wenn du Pech hast, nur 15–30 Minuten ...

8 km westlich von Carpentras lockt bei warmen Wetter der 🧑‍🤝‍🧑 🛶 Badesee *Lac de Monteux:* Parkplatz, Zugang zum Wasser, Spiel- und Picknickplätze sind gratis, eine Strandbar offeriert günstig Kleinigkeiten und Unternehmungslustige können Tretboote oder Stand-up-Paddles mieten. 📖 *F3*

14 FORCALQUIER UND UMGEBUNG

42 km östlich von Apt/45 Min. über die D 900 und die D 4100

Die hübsche Kleinstadt (4400 Ew.) im Nordosten wenige Kilometer außerhalb des Naturparks mit ihrem prächtigen *Wochenmarkt* in der ganzen In-nenstadt am Montagvormittag und der Kapelle *Notre-Dame-de-Provence* auf dem Hügel der ehemaligen Zitadelle ist für ihre Spirituosenproduktion in den *Distilleries et Domaines de Provence (Av. Saint-Promasse | distilleries-provence.com)* bekannt. Sie ist ein guter Ausgangspunkt für Wanderungen, Radtouren und Ausflüge in das noch nicht von Touristen überlaufene Hinterland.

Dort locken Ziele wie die *Montagne de Lure* (vom 1826 m hohen Gipfel *Signal de Lure* grandioser Panoramablick) im Norden oder die Sternwarte *Observatoire de Haute-Provence* bei Saint-Michel-l'Observatoire 12 km südwestlich und schöne Dörfer wie *Banon* mit seinen Käsespezialitäten, insbesondere dem in Kastanienblätter gewickelten Ziegenweichkäse gleichen

Ein Wintervergnügen ist der Trüffelmarkt in Carpentras: Was für dicke Dinger!

Namens. Besonders freundlich wird man bei der familiären Käserei *La Musardière (März–Mitte Nov. Mo–Sa 16–18 Uhr | Abzweig von der D 4100 auf Höhe von Château de Sauvan)* bei Saint-Michel-l'Observatoire empfangen – vielleicht auch, weil man erst 1,5 km Piste hinter sich bringen muss, um zu der Familie ehemaliger belgischer Aussteigerhippies zu gelangen. Einige Jahre haben die sogar den Élysée-Palast mit ihrem Käse beliefert.

INSIDER-TIPP
**Der Ziegen-
käse des
Präsidenten**

Außerdem lohnen eine Reihe von *bistrots de pays* wie das *Café de la Lavande (Mo geschl. | Place de la Lavande | Tel. 04 92 73 31 52 | €)* in Lardiers oder das *Café de la Tonnelle (tgl. | Place de la Fontaine | Tel. 04 92 73 19 89 | €)* in Ongles den Abstecher in diese Gegend. Ein üppiges 🍴 Menü für keine 25 Euro gibt es beim deutsch-korsischen Wirtspaar im Landgasthof *Le Fougassais (Di-Mittag und Mo, im Winter Mo–Mi geschl. | D 951 am Ortseingang von Mallefougasse | Tel. 04 92 77 00 92 | le-fougassais.com)* am Fuß der Montagne de Lure.

Wer Gärten liebt, darf nicht an der 3 km südlich von Forcalquier in Mane gelegenen alten Abtei *Prieuré de Salagon (Okt.–Mitte Dez. und Feb.–April Mi–Mo 10–18, Mai–Sept. tgl. 10–19, Juni–Aug. Do bis 22 Uhr | 8 Euro, Winter 6 Euro | musee-de-salagon.com)* vorbeifahren. Sich durch den Aromagarten schnuppern, den Unterschied zwischen zig Lavendelsorten oder mittelalterliche Giftpflanzen kennenlernen? Alles mög-

INSIDER-TIPP
**Gartenidyll
mal anders**

lich – der Ort ist in seiner Art unvergleichlich, kombiniert Archäologie, Gartenkunst und -wissen und bildet einen wunderbaren Rahmen für einen entspannenden, duftenden Spaziergang und vielleicht ein Picknick.
🗺 *H4*

🔳15 GANAGOBIE

60 km östlich von Apt/1¼ Std. über Forcalquier

Das im 10. Jh. gegründete Benediktinerkloster liegt auf einem Felsplateau mit herrlichem Blick auf das Tal der Durance und die Südalpen. Es wird erst seit 1992 wieder dauernd von Mönchen bewohnt. Wenn du das Klosterleben einmal ausprobieren möchtest: Die Mönche nehmen für zwei bis acht Tage auch Gäste auf (langfristige Voranmeldung!). Die restaurierte Kirche besitzt ein eindrucksvolles Portal und das schönste romanische Fußbodenmosaik Frankreichs. *Di–So 14.30–17.15 Uhr | Eintritt frei | Tel. 04 92 68 00 04 | ndganagobie. com | ⏱ 1½ Std. inkl. Fußweg vom Parkplatz durch den Eichenwald bis zum Aussichtspunkt |* 🗺 *J3*

VERDON-NATURPARK

(🗺 *J-K 4–5*) **Die Schluchten des Verdon sind das Zentrum des Parc Naturel Régional du Verdon, der 45 Gemeinden in den Departements Var und Alpes-de-Haute-Provence umfasst.**

Nur knapp 22 000 Ew. leben in dem Gebiet, das mehr als dreimal so groß ist wie der Bodensee. Neben der spektakulären Verdonschlucht prägen die Hochebene *Plateau de Valensole* mit Lavendelfeldern und kleine Städtchen wie das schon zu Römerzeiten besiedelte *Riez,* das Thermalbad *Gréoux-les-Bains* oder *Allemagne-en-Provence* mit seinem Schloss den Charakter des Naturparks. Ein Gratispass (frag beim ersten Besuch nach dem *Pass Musées*) sorgt für Ermäßigungen ab dem zweiten Besuch in den neun Museen im Verdon-Naturpark.

ZIELE IM VERDON-NATURPARK

16 GORGES DU VERDON ⭐

Wie ein Messer in weiche Butter hat sich der Fluss in grauer Vorzeit durch die Kalkfelsen der Voralpen gegraben und eines der größten Naturschauspiele in ganz Europa geschaffen, das nicht zu Unrecht auch den Beinamen Grand Canyon du Verdon trägt. Bis zu 700 m tief fallen die Felswände zu beiden Seiten der Schlucht fast senkrecht in die Tiefe ab. Heute ist der wilde Gebirgsfluss mit seinem smaragdgrünen Wasser zwar durch ein halbes Dutzend Stauseen gebändigt, mit seiner grandiosen Kulisse aber trotzdem ein tolles Ziel für Wanderer, Extremkletterer und Wassersportler.

Zwei Panoramastraßen, die *Corniche Sublime* im Süden und die *Route des Crêtes* im Norden, eröffnen fast nach jeder Kurve atemraubende Einblicke in die Schlucht, etwa von der *Falaise des Cavaliers* zwischen Comps und Aiguines an der Corniche Sublime.
📖 *K4–5*

17 MOUSTIERS-SAINTE-MARIE

Ein Bergdorf wie aus dem Bilderbuch: Nicht weit vom Ausgang der Verdonschlucht kauert das 600-Seelen-Nest am Fuß von zwei Felsen, zwischen denen seit dem frühen Mittelalter eine Kette mit einem silbernen Stern gespannt ist. Moustiers, einst von den Mönchen der Îles de Lérins vor Cannes besiedelt, entwickelte sich im 18. Jh. zu einem wichtigen Fayencezentrum. Der Wirtschaftszweig hat nach der Krise im 19. Jh. eine Renaissance erlebt; heute produzieren knapp 20 Werkstätten die Fayencen von Moustiers.

Moustiers ist wieder schick: Frankreichs wohl berühmtester Starkoch Alain Ducasse hat hier eine Filiale seines Gastroimperiums mit angeschlossenem Hotel eröffnet: *La Bastide de Moustiers (in der Nebensaison Di/Mi geschl. | Chemin de Quinson | Tel. 04 92 70 47 47 | bastide-moustiers. com | €€€).* Für schmalere Geldbeutel empfiehlt sich der Besuch im Restaurant *La Treille Muscate (Juli/Aug. Mi-Abend, sonst Mi-Abend und Do geschl. | Place de l'Église | Tel. 04 92 74 64 31 | restaurant-latreille muscate.fr | €€).* Wenn im Sommer der Mistral bläst und Kühle bringt, bietet die Chefin für die Gäste auf der Terrasse Ponchos an. *K4*

18 LAC DE SAINTE-CROIX

Mit einer Vielzahl von Wassersportangeboten ist der 22 km² große Stausee ein beliebtes Freizeitareal. Das Dorf *Les Salles* ist vollständig in den Fluten versunken und neu aufgebaut worden. Und von *Sainte-Croix* ist nur noch das alte, einst verlassene Dorf übrig. Es zählt heute wie Bauduen zu den Badeorten im Naturpark. *K4–5*

19 QUINSON

Der britische Architekt Sir Norman Foster hat in dem Dorf unweit vom südwestlichen Ende des Stausees von Sainte-Croix ein hypermodernes Museum der Vorgeschichte gebaut, das *Musée de Préhistoire des Gorges*

Die Provence kann auch dramatisch: Europas Grand Canyon, die Gorges du Verdon

du Verdon (Feb./März und Okt.–Mitte Dez. Mi–Mo 10–18, April–Juni und Sept. 10–19, Juli/Aug. tgl. 10–20 Uhr | 8 Euro, Kinder ab 6 Jahren 6 Euro | museeprehistoire.com | ⏱ 2 Std.). Mit interaktiven Computerdemonstrationen, Audioguide, Filmvorführungen – auch mit deutschem Erklärungstext –, einer begehbaren Grotte und Imbiss ist es auch für den Besuch mit Kindern sehr gut geeignet. 🕮 *J5*

AIX-EN-PROVENCE

(🕮 *G6*) **Umfragen bestätigen es immer wieder: Aix (135 000 Ew.), die alte Hauptstadt der Provence, ist mit ihrer unvergleichlichen Mischung aus aristokratischer Ruhe, fröhlichem Trubel, architektonischen Kostbarkeiten, schillerndem Kulturangebot und farbenprächtigen Märkten eine der beliebtesten Städte der Franzosen.**

Dementsprechend hoch sind zum Leidwesen der Bürger und vor allem der rund 30 000 Studenten die Preise für Wohnungen im historischen Stadtzentrum, in dem sich heute noch Émile Zola und Paul Cézanne ohne Probleme zurechtfinden würden. Die Stadt hat nämlich nach der Revolution 1789 den Aufbruch in die Moderne verschlafen, galt im 19. Jh. als langweiliges Provinznest und ist erst nach dem Zweiten Weltkrieg aufgewacht.

Mit dem großen innerstädtischen Neubaugebiet Sextius-Mirabeau, das direkt an die *Rotonde (Place du Général de Gaulle)* anschließt, hat Aix die Quadratur des Kreises geschafft. Die Ende

WOHIN ZUERST?

La Rotonde: Dreh- und Angelpunkt ist der große Kreisverkehr, offiziell Place du Général de Gaulle, an der Schnittstelle zwischen Altstadt und Neubauviertel Sextius-Mirabeau (Tiefgarage Parking Rotonde mit 1500 Stellplätzen). Auf dem Platz starten der Minibus für die Stadtbesichtigung und der Elektrobus Diabline *(Mo–Sa 8.30–19.30 Uhr | la-diabline.fr),* der für nur 80 Cent drei Routen im Zentrum bedient. Nichtmotorisierte erreichen die Rotonde problemlos zu Fuß vom Bahnhof bzw. Busbahnhof (je ca. 500 m).

Lage, Lage, Lage: Eine Adresse an Aix' Prachtboulevard Cours Mirabeau ist quasi unbezahlbar

des 20. Jhs. eingeweihte *Méjanes-Bibliothek (Di–Sa 10–19 Uhr | citedulivre-aix.com)* mit Kulturzentrum, Opernvideothek, Kino- und Leseräumen, Internetcafé und deutschsprachiger Bücherei in einer ehemaligen Streichholzfabrik war nur der Anfang. Mittlerweile komplettieren das von Rudy Ricciotti entworfene Ballettzentrum *Pavillon Noir (preljocaj.org),* Vittorio Gregottis *Grand Théâtre de Provence (lestheatres.net)* und Frankreichs modernste Musikschule, das von Kengo Kuma konzipierte *Conservatoire Darius Milhaud,* die Kulturmeile im neuen Stadtviertel von Aix.

Ein Schmuckstück ist die Pflanzenwand *(mur végétal)* des Landschaftsarchitekten Patrick Blanc an der Brücke neben dem Grand Théâtre. Von diesem führt die Avenue Giuseppe Verdi mit der Shoppingmeile *Allées Provençales* zur Rotonde.

SIGHTSEEING

Das Office de Tourisme an der Place du Général de Gaulle, die mit ihrem monumentalen Brunnen aus dem 19. Jh. von den Einheimischen nur *La Rotonde* genannt wird, ist Ausgangspunkt für Spaziergänge und Stadtführungen, zum Teil auch in deutscher Sprache. Themen der Touren sind u. a. die Spuren von Paul Cézanne oder seinem Schulfreund Émile Zola, der seine Heimatstadt unter dem Namen Plassans mehrfach zum Schauplatz seiner Romane wie „Die Rougon-Macquart" machte.

COURS MIRABEAU ⭐ 🏴

Der Prachtboulevard, mit seinen Platanenreihen im Sommer ein Schatten spendender Grüntunnel, ist die quicklebendige Ader der Stadt und für viele eine der schönsten Straßen der Welt.

Sehen und gesehen werden, das ist hier ganz klar die Devise. Auf der Nordseite liegen Cafés, Restaurants, Geschäfte, auf der Südseite sind wunderschöne Fassaden zu bewundern, verziert mit mächtigen Atlanten (Männer) und Karyatiden (Frauen). Hinter diesen edlen Fronten verbergen sich Luxusgeschäfte oder Banken. Der Boulevard ist im 17. Jh. angelegt worden und seit der Umgestaltung Anfang des 21. Jhs. von parkenden Autos befreit.

HÔTEL DE CAUMONT CENTRE D'ART

So ein Ort hatte der Stadt gerade noch gefehlt: ein Kunstzentrum mit *salon de thé*, dem *Café Caumont*, wo es sogar Kuchen und Torten gibt! Das Café hat genau

INSIDER-TIPP
Kunst & Kuchen

die Sessel und Gardinen, die es braucht, um sich hier wie im 19. Jh. zu fühlen. Nur die Bedienung ist etwas jüngeren Datums. Dazu wechselnde Kunstausstellungen, ob Fotografie, Impressionisten oder alte Meister – alles hat hier Prestige und Chic. Jazzabende im Garten während des Sommers. *Tgl. 10–18, Mai–Sept. bis 19, Fr bis 21.30, Café ab 11.30 Uhr | 6,50 Euro, mit Wechselausstellung 14 Euro | 3, Rue Joseph Cabassol | caumont-centredart.com | ⏱ 1–1½ Std.*

MUSÉE GRANET

Das Kunstmuseum in der ehemaligen Malteserkomturei aus dem 17. Jh. ist nicht nach Paul Cézanne, dem Sohn der Stadt, sondern nach dem Maler François-Marius Granet (1775–1849) benannt worden. Das Haus beherbergt Sonderausstellungen und verfügt über einen interessanten Fundus mit Werken von Granet, Jean-Auguste-Dominique Ingres, Alberto Giacometti sowie einigen Originalen von Paul Cézanne und über einen Skulpturenkeller. Schwerpunkt der Filiale *Granet XXe – Collection Jean Planque* in der komplett umgebauten und restaurierten Kapelle *Chapelle des Pénitents Blancs (Place Jean Boyer)* aus dem 18. Jh. ist Pablo Picasso, aber auch Meisterwerke von Jean Dubuffet, Paul Klee, Nicolas de Staël oder Sam Francis sind zu sehen. *Mitte Okt.–Mitte Juni Di–So 12–18, Mitte Juni–Mitte Okt. 10–19 Uhr | 8 Euro, Winter 6 Euro | Place Saint-Jean de Malte | museegranet-aixenprovence.fr | ⏱ 1½–2½ Std.*

HÔTEL DE VILLE (RATHAUS)
Hier lässt es sich gut regieren! Das Rathaus aus dem 17. Jh. hat hinter dem schmiedeeisernen Portal einen gepflasterten Innenhof. Der Stadtrat tagt in der prächtigen, reich mit Porträts ausgeschmückten Salle des États de Provence. Im Glockenturm, ebenfalls aus dem 17. Jh., wechseln die Figuren je nach Jahreszeit.

SAINT-SAUVEUR
An dieser Kathedrale ist 1000 Jahre gebaut worden. Das Baptisterium aus dem 5. Jh. und der Kreuzgang aus dem 12. Jh. sowie die aus Holz geschnitzten Eingangstore aus dem 16. Jh. sind sehenswert. Das berühmte Triptychon „Le Buisson Ardent" („Der brennende Dornbusch") von Nicolas Froment aus dem 15. Jh. ist nach langjähriger Restaurierung am neuen

Standort in einer Seitenkapelle zu sehen – allerdings aus konservatorischen Gründen nicht das ganze Jahr über. *Tgl. 10–12 und 14–18 Uhr*

PAVILLON DE VENDÔME
Pierre Pavillon hat das Gebäude mit seinen beeindruckenden Atlanten am Eingangsportal im Jahr 1665 für die Geliebte des Herzogs von Vendôme gebaut. Heute ist das ehemalige Landhaus Schauplatz für Kunstaus-

Ein Jahrtausend lang haben die Baumeister an Saint-Sauveur gewerkelt

stellungen. *Kernzeit Mi–Mo 10–12.30 und 13.30–17 Uhr | 3,70 Euro | 32, Rue Célony*

FONTAINES (BRUNNEN)

Das (Thermal-)Wasser hat einst die Römer in die Stadt gelockt, die den Namen Aquae Sextiae bekam. Dutzende Brunnen sorgen im Sommer für etwas Frische. Mit rund 30 Grad warmem Thermalwasser wird die *Fontaine Moussue* (1734, auch *Fontaine d'Eau Thermale* genannt) auf der Mitte des Cours Mirabeau gespeist, die daher in kalten Winternächten dampft. Elegant zeigt sich die *Fontaine des Quatre Dauphins* (1667) mit vier Wasser speienden Delphinköpfen im Quartier Mazarin, monumental der Brunnen auf der Kopfseite des Cours Mirabeau mit der Statue des Königs René d'Anjou, der Aix im 15. Jh. zu einer Stadt der Künste machte.

ATELIER PAUL CÉZANNE

Paul Cézanne hat sich 1902 im Norden der Altstadt das Atelier gebaut, das nach seinem Tod 1906 bis heute praktisch unverändert blieb. Zu sehen sind zwar keine Bilder, aber Requisiten und Erinnerungsstücke an den Künstler, der hier die „Großen Badenden" malte. Außerdem gibt es eine reich bestückte Boutique. *Stark gestaffelte Zeiten s. Website, Kernzeit Di–Sa 9.30–12.30 und 14–17 Uhr | 6,50 Euro | 9, Av. Paul Cézanne | cezanne-en-provence.com | ⊙ 30 Min.*

FONDATION VASARÉLY

Der 1997 gestorbene, aus Ungarn stammende Vater der Op-Art, Victor Vasarély, hat im Viertel Jas de Bouffan, in Sichtweite des Familiensitzes von Cézanne, das Museum mit seiner schwarz-weißen Fassade selbst entworfen. *Tgl. 10–18 Uhr | 12 Euro | 1, Av. Marcel Pagnol | fondationvasarely. org | ⊙ 45 Min.*

SITE-MÉMORIAL DU CAMP DES MILLES

Die ehemalige Ziegelei im Vorort Les Milles war während des Zweiten Weltkriegs von 1939 bis 1943 Internierungslager für deutsche Intellektuelle wie Max Ernst, Walter Benjamin, Lion Feuchtwanger oder Hans Bellmer. Die aufwendig gestaltete Gedenkstätte für die Opfer von Totalitarismus und Rassismus arbeitet ein dunkles Kapitel der französischen Geschichte auf: mit dem ehemaligen Speisesaal, in dem beklemmende Wandzeichnungen der Internierten restauriert wurden *(Eintritt frei)*, mit ausführlichen Dokumentationen und mit Sonderausstellungen. *Tgl. 10–19 Uhr | 9,50 Euro | 40, Chemin de la Badesse | Les Milles | campdesmilles.org | ⊙ 2 Std.*

ESSEN & TRINKEN

Die meisten Restaurants finden sich in der Altstadt nördlich des Cours Mirabeau rund um die *Rue de la Verrerie, Place Ramus, Place des Cardeurs, Place des Tanneurs* und *Place de la Mairie.*

LES CAVES HENRI IV BY LE FORMAL

Seit Jahren eine sichere Bank für phantasievolle Küche: Jean-Luc Le Formal kombiniert im Kellergewölbe

Auf den Punkt gebracht: die Stiftung des ungarischen Op-Art-Künstlers Victor Vasarély

verschiedene Gemüsesorten zu feinen Vorspeisen, legt zum Fisch Blumenkohlgnocchi und zerlegt im Dessert Schwarzwälder Kirschtorte in ihre Bestandteile. *Sa-Mittag, So und Mo geschl. | 32, Rue Espariat | Tel. 04 42 27 08 31 | restaurant-leformal.com | €€€*

LE PATIO

Im bei Wind oder Regen überdachten Innenhof hängt Wäsche an der Leine, überall sind Werbeschilder und Objekte aus längst vergangenen Zeiten als Dekoration. Die Küche ist dagegen ganz auf der Höhe der Zeit mit frischen Produkten vom Markt und originellen Kombinationen wie z. B. Ente und Pfirsich. *Mo geschl. | 16, Rue Victor Leydet | Tel. 04 42 93 02 03 | lepatio-aix.fr | €€*

LA TOMATE VERTE

Grüne Tomaten gibt es auch, aber nicht nur: Fleisch genauso wie vegane Gerichte, alles kommt hier auf den Teller, aber eines haben alle Gerichte gemeinsam: lokale und saisonale Zutaten! Schön im Sommer sind die Tische draußen und eine sehr gute Weinkarte gibts auch. *Mo geschl. | 15, Rue des Tanneurs | Tel. 04 42 60 04 58 | latomateverte-restaurant.com | €€*

LA CERISE SUR LE GÂTEAU

Ein kleines, charmantes Biorestaurant im Herzen der Altstadt mit endlich auch mal spannenden Gerichten für Vegetarier! Es gibt nur wenige Tische, man tut daher gut daran zu reservieren. *So/Mo und mittags geschl. | 7, Place Ramus | Tel. 04 42 27 46 46 | €€*

LE BISTROT DES PHILOSOPHES

Zwei kurz angebratene *(mi-cuit)* Thun-fischsteaks in der *salade niçoise* und ultrafrisches Gemüse in großen Portionen: Das steht für die Philosophie des Restaurants auf der Place des Cardeurs, die zum großen Freiluft-Gastronomiezentrum der Stadt zählt. *Tgl. | 20, Place Forum des Cardeurs | Tel. 04 42 21 64 35 | lebistrotdesphiloso phes.com | €€*

SHOPPEN

In der Altstadt nördlich des Cours Mirabeau sind nahezu alle Luxusmarken der Modewelt vertreten. Kulinarische Spezialität der Stadt sind die süßen *calissons,* die u. a. die *Konditorei Béchard (12, Cours Mirabeau)* anbietet, oder die Versuchungen von *Chocolat de Puyricard (7, Rue Rifle-Rafle).* Seit vier Generationen gehört die Familie Fouque zu den Spezialisten für die *santons,* die provenzalischen Krippenfiguren. In der Werkstatt *Santons Fouque (65, Cours Gambetta | san tons-fouque.com)* gibt es Hunderte verschiedene Tonfigurinen. Die gemütliche Buchhandlung ☂ *Book in Bar (4, Rue Joseph Cabassol | bookinbar. com)* hat sich auf ausländische Bücher spezialisiert – ob englische, deutsche oder dänische Titel und natürlich noch viele andere. ==Du darfst gern länger bleiben und dich bei Smoothies und Scones durch die Regale lesen.==

INSIDER-TIPP
Pause für müde Beine

Selbst an Sonn- und Feiertagen gibt es in Aix frisches Gemüse auf dem täglichen Erzeugermarkt an der *Place Ri-*

#Schlaraffenland: der Hashtag für deinen Tweet vom Marktbummel auf der Place Richelme

chelme zu kaufen. Di, Do und Sa kommt noch der große Wochenmarkt auf der *Place des Prêcheurs* dazu, der Floh- und Krämermarkt ist Di, Do und Sa auf der Fläche vor dem Justizpalast *(Place Verdun)* platziert. Die Kleiderhändler verkaufen Di, Do und Sa auf dem *Cours Mirabeau*. Auf der Prachtstraße bauen außerdem im Sommer praktisch jedes Wochenende und im August sogar jeden Abend *(Nuitées d'Aix)* Kunsthandwerker ihre Stände auf.

SPORT & SPASS

THERMES SEXTIUS

Die alten Römer haben die warmen Quellen entdeckt, die Aix zum Thermalbad gemacht haben. Auf den Fundamenten des alten Bads ist das moderne Zentrum für Thalassotherapie und Wellness gebaut worden. *55, Cours Sextius | Tel. 04 42 23 81 82 | thermes-sextius.com*

FESTIVAL

Das *Festival d'Aix-en-Provence (festival-aix.com)* Anfang Juli ist eines der internationalen Opernfestivals, die es schaffen, auch Leute zu begeistern, die sich sonst nicht für Opern erwärmen können – u.a. mit Liveübertragungen auf Großbild-Leinwänden in der Stadt. Wer ein Ticket für das Opernhaus selbst buchen möchte, tut das am besten viele Monate im Voraus!

AUSGEHEN & FEIERN

Konzerte, Theater, Kleinkunst, Jazz und Kino sorgen für Abwechslung, es

Bei Béchard am Cours Mirabeau bekommst du die berühmten *calissons*

gibt ein Dutzend Clubs und Pianobars im Zentrum. Die ☂ Programmkinos *Mazarin* und *Renoir* mit vielen französisch untertitelten Originalversionen sind auch für Besucher attraktiv, die kein Französisch können. Wenn's mal ein Club sein soll, wo man die junge, immer schicke Partyszene von Aix trifft: *Le Diva (10, Av. de Lattre de Tassigny | lediva.fr)* verbindet ein gutes Restaurant mit Bar und (ab 23 Uhr) Club – man braucht also gar nicht noch weiterzuziehen.

INSIDER-TIPP
Vom Tisch zur Bar zur Tanzfläche

Die schroffen Kalksteinspitzen der Montagne Sainte-Victoire: Kulisse für Gleitschirmflieger

RUND UM AIX-EN-PROVENCE

20 MONTAGNE SAINTE-VICTOIRE ★

15 km bis Vauvenargues östlich von Aix/30 Min. über die D 10

Der Berg mit seiner steilen, bis zu 1011 m hohen Felswand im Süden hat Paul Cézanne sein Leben lang fasziniert. Bilder der Sainte-Victoire sind in allen großen Museen dieser Welt zu sehen, Pablo Picasso hat als Hommage an den Vater der modernen Malerei eine Zeit lang auf der Nordflanke im Schloss von Vauvenargues gelebt und ist dort beerdigt.

Die Sainte-Victoire ist von Aix aus auf der denkmalgeschützten D 17 zu erreichen. Über *Le Tholonet* mit Cafés, Restaurants und einem herrlichen Bouleplatz unter alten Platanen erreicht man *Saint-Antonin-sur-Bayon* mit dem Dokumentationszentrum *Maison de la Sainte-Victoire (grandsite saintevictoire.com)*.

Über *Puyloubier* mit seinem Altersheim für Fremdenlegionäre und *Pourrières* geht es um den Berg zur Nordflanke nach *Vauvenargues*. Von dort aus, vom Gehöft Les Cabassols, führt der einfachste Wanderweg in ungefähr zwei Stunden hinauf zur Kapelle und dem Kreuz *Croix de Provence* (945 m) mit einem der schönsten Aussichtspunkte der Region. Die *Prieuré de Sainte-Victoire (short.travel/pro6)* direkt unterhalb lädt dazu ein,

INSIDER-TIPP
Wenn der Berg auch nachts ruft

eine Nacht auf dem Berg zu verbringen, um den Sonnenauf- oder -untergang zu beobachten. 14 Schlafplätze gibt es, Schlafsack und Essen müssen mitgebracht werden.

Wer nicht ganz so hoch hinaus möchte, hat im Park der Domaine des Roques-Hautes an der D 17 zwischen Le Tholonet und Saint-Antonin-sur-Bayon die Auswahl, auf bequemen Wegen die Stauseen am Fuß des Bergs zu erwandern. Wandervorschläge findest du unter *grandsitesaintevictoire.com*.

Das *Relais Cézanne (Sommer tgl., Winter außer Fr/Sa nur mittags | Route Cézanne | Tel. 04 42 66 91 91 | relais-cezanne.com | €€)* in Le Tholonet serviert auf seiner Terrasse in Sichtweite des Bouleplatzes gute mediterrane Küche zu vernünftigen Preisen. ▯ *G–H6*

🟩 ABBAYE SILVACANE

28 km nordwestlich von Aix/35 Min. über die D 7N und die D 543

Die Klavierfestspiele von La Roque-d'Anthéron haben die Kirche des ehemaligen Zisterzienserklosters aus dem 12. Jh. als Schauplatz für Konzerte erkoren. Die Abtei im Tal der Durance verzaubert mit ihrer wunderbar stillen Atmosphäre. *Juni–Sept. tgl. 10–18, Okt.–Mai Di–So 10–13 und 14–17 Uhr | 7,50 Euro | abbaye-silvacane. com | ⏱ 1 Std. | ▯ G5*

🟩 LE ROYAUME DES ARBRES CHARLEVAL

35 km nordwestlich von Aix/45 Min. über die D 7N

Der Hochseilgarten auf halber Strecke zwischen Aix und Luberon bietet auf zehn Parcours und mehreren Seilrutschen Nervenkitzel und Naturerlebnis in einem. Zwei Ableger des Parks gibt es an der D 402 bei Le Beausset und bei Auriol nördlich von Aubagne. *Juli/ Aug. tgl. 10–19, Mitte Feb.–Juni und Sept./Okt. Mi, Sa, So 10–17/18 Uhr | 20 Euro, unter 1,50 m 17 Euro, unter 1,30 m 14 Euro | Av. des Bois | royaume-des-arbres.com | ▯ F5*

SCHÖNER SCHLAFEN IM OSTEN

WELLNESS, KOCHKURSE UND EIN POOL IM PARK

Die deutsch-französische Familie Crovara betreibt in *Lagnes* südöstlich von L'Isle-sur-la-Sorgue das Hotelrestaurant *Le Mas des Grès (14 Zi. | 1651, RD 901 | Tel. 04 90 20 32 85 | masdesgres.com | €€€)* mit Pool im Park, Wellnessbereich und Kochkursen auch für Kinder.

EIN PROVENZALISCHES BILDERBUCHIDYLL

Das deutsch-französische Paar Ulrike und Jean-Pierre Delaire hat im Luberon bei Oppède-le-Vieux in einer alten Seidenraupenfarm aus dem 18. Jh. mit Park und Schwimmbad vier großzügige Zimmer eingerichtet, zum Teil mit Balkon und Blick auf Weinberge und Obstgarten. Zum Frühstück gibt es selbst gemachte Marmelade und Früchte aus dem Garten: *Les Bouisserettes (nur März–Juni und Sept.–Nov. | 370, Chemin de Fontdrèche | Tel. 04 32 52 02 21 | bouisserettes.com | €€)*

MARSEILLE & UMGEBUNG

FRANKREICHS ÄLTESTE STADT BOOMT

Marseille kennt keine Zwischentöne. Man liebt oder hasst die älteste Stadt Frankreichs. Die Großstadt (862 000 Ew.) an einer der schönsten Buchten des Mittelmeers ist ein Schmelztiegel der Nationen, mit ihren über 100 Vierteln chaotisch, voller Widersprüche und voller Poesie.

Die Gegensätze werden immer schärfer: Auf der einen Seite bringen die mörderischen Bandenkriege der Drogenhändler in den Armenvierteln des Nordens die Stadt immer wieder in die Schlagzeilen.

Mal die Perspektive wechseln: Norman Fosters Ombrière am Alten Hafen

Auf der anderen Seite hat sich die chaotische Schöne herausgeputzt: Spätestens seit 2013, als sie Kulturhauptstadt Europas war, bezaubert sie selbst die kritischsten Einwohner und Besucher.
Sie glänzt mit einem komplett neu gestalteten Hafenviertel, einem halben Dutzend neuer Museen und spektakulären Meisterwerken der zeitgenössischen Architektur. Und mit seiner Schokoladenseite am Meer und seinen Stadtstränden setzt Marseille zum ersten Mal in seiner über 2600-jährigen Geschichte auf Tourismus.

MARSEILLE & UMGEBUNG

MARCO POLO HIGHLIGHTS

★ **VIEUX PORT**
Am Alten Hafen schlägt das Herz der Stadt am Mittelmeer ➤ S. 102

★ **NOTRE-DAME-DE-LA-GARDE**
Lage, Lage, Lage: Von der Basilika auf ihrem Hügel überblickst du ganz Marseille ➤ S. 107

★ **MUCEM**
Museum mit origineller Betonhülle und Dachgarten direkt am Meer ➤ S. 103

★ **CALANQUES**
Die hohen, weißen Küstenklippen südlich von Marseille – ein Nationalpark mit Großstadtanschluss ➤ S. 115

★ **CASSIS**
Bummeln durch die Kleinstadt am Meer mit idyllischem Fischerhafen ➤ S. 116

★ **ROUTE DES CRÊTES**
Fahrt entlang der Felsenküste hoch überm Mittelmeer ➤ S. 116

Plages de Corbière

7 Fonds Régional d'Art Contemporain

8 Docks de la Joliette

6 La Vieille Charité

1 Le Panier

5 Musée Regards de Provence

Villa Méditerranée **4**

3

MuCEM ★

Fort Saint-Jean **3**

My Garden

1 Vieux Port ★

Chez Madie les Galinettes

Vieux-Port de Marseille

LE PHARO

2 Château d'If und Archipel du Frioul

13 Vallon des Auffes und Malmousque

Le Petit Nice Passedat

Notre-Dame-de-la-Garde ★

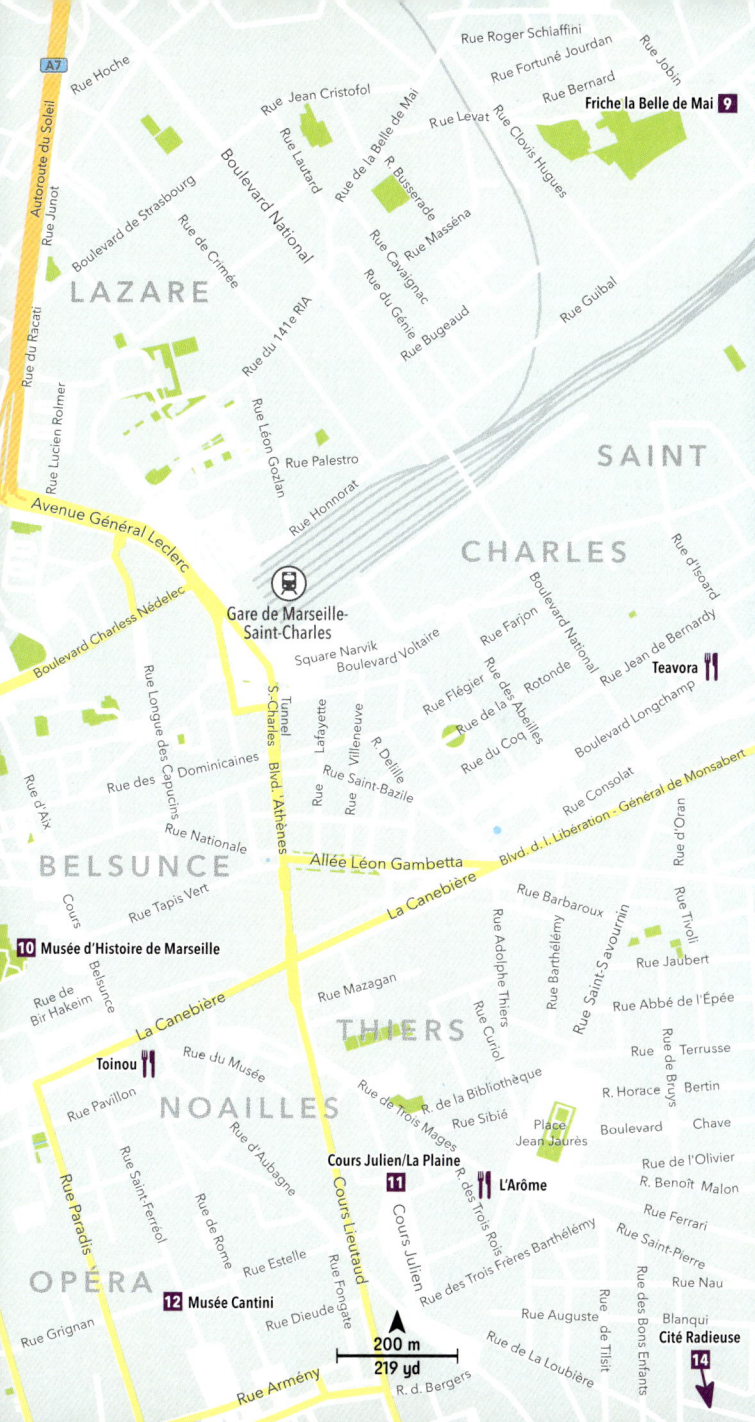

Marseille ist unbestritten das kulturelle Zentrum des Südens. Die vielen Theater haben mehr Zuschauer als die Kicker vom über 100 Jahre alten Fußballclub Olympique de Marseille im Stade Vélodrome, die Rapmusik mit nordafrikanischen Elementen ist in ganz Frankreich ein Begriff, alte Industriebrachen sind ein Paradies für junge Künstler.

Wer verstehen will, warum die Einwohner ihre Stadt trotz des schlechten Rufs lieben, muss nur einmal vom Vieux Port, dem Alten Hafen, auf der Corniche, der Küstenstraße, am Meer entlang nach Osten fahren, bis zu den kleinen Häfen von Les Goudes oder Callelongue. Und wer vom Platz der Basilika Notre-Dame-de-la-Garde aus sieht, wie die untergehende Sonne das Häusermeer am Wasser in Gold taucht, bevor sie hinter den Hügeln versinkt, wird diesen majestätischen Blick über die Metropole nie mehr vergessen.

Das Office de Tourisme bietet neben Routenvorschlägen einen *City-Pass (1/* 2/3 Tage 27/37/43 Euro | *marseilletourisme.com)* mit kommentierten Besichtigungen, Überfahrt zum Château d'If, Gratiseintritt in viele Museen, kostenloser Nutzung der öffentlichen Verkehrsmittel sowie weiteren Ermäßigungen an.

SIGHTSEEING

① VIEUX PORT UND LE PANIER

Der ⭐ *Vieux Port,* der Alte Hafen, ist seit 2600 Jahren das Herz von Marseille und Ausgangspunkt für die Erkundung der Stadt. Jeden Morgen findet am Quai des Belges (oder am Quai de la Fraternité, wie sein offizieller Name seit Anfang des Jahrtausends lautet), an dem die Ausflugsschiffe anlegen, der pittoreske *Fischmarkt* statt. Direkt daneben erhebt sich Sir Norman Fosters originelle *Ombrière,* eine Art Spiegelbaldachin. Rechter Hand, über den Quai du Port auf Höhe des Rathauses *(Hôtel de Ville),* das von der deutschen Abrissaktion im Zweiten Weltkrieg verschont wurde, führt der Weg ins Altstadtviertel *Le Panier.* Wie das Rathaus erhalten geblieben sind die *Maison Diamantée* und das *Hôtel de Cabre* mit ihren sehenswerten Fassaden aus dem 16. Jh. Zum Fünfsternehotel mit Gourmetrestaurant und einer prächtigen Terrasse für den Aperitif umgebaut ist das ehemalige Krankenhaus *Hôtel Dieu.* Vom markanten Turm *Clocher des Accoules* geht es über Treppen hinauf zur *Place des Moulins,* dem Kern des Viertels, das mitten in der Großstadt noch dörflichen Charakter hat. *Metro 1 Vieux Port* | ⌑ *c–d 2–3*

WOHIN ZUERST?

Vieux Port: Der Alte Hafen ist das Herz von Marseille und Ausgangspunkt für Besichtigungen. Von der Metrostation Vieux Port (Linie 1) sind es nur wenige Schritte zu den Anlegestellen für Bootsausflüge. Unkompliziert parken kannst du in zwei Tiefgaragen (Parking Hôtel de Ville am Quai du Port und Parking d'Estienne d'Orves am Cours Estienne d'Orves).

2 CHÂTEAU D'IF UND ARCHIPEL DU FRIOUL

Der Graf von Monte Christo gilt als berühmtester Gefangener auf der kleinen Insel If – dabei war er nur Romanheld von Alexandre Dumas. Die Festung *Château d'If* samt Aussichtsturm

3 MUSÉE DES CIVILISATIONS DE L'EUROPE ET DE LA MÉDITERRANÉE (MUCEM) UND FORT SAINT-JEAN

Das ★ *MuCEM (Mi–Mo 11–19, Juli 10–20, Aug. tgl. 10–20 Uhr | Ausstellungen 9,50 Euro, Gelände Eintritt*

Im Abendlicht am Vieux Port entfaltet auch die Metropole Marseille romantischen Charme

auf der gleichnamigen Insel wird wie auch die anderen Eilande in der Bucht von Marseille, die Frioulinseln *Ratonneau* und *Pomègues,* vom Alten Hafen aus angefahren, im Sommer stündlich. Ratonneau besitzt mit dem *Port de Morgeret* und der *Calanque de Saint-Estève* zwei der schönsten Strände der Stadt. *Kombiticket 16,70 Euro (am besten vorher reservieren, das erspart das Anstehen vor Ort) | lebateaufrioul-if.fr | □□ F7*

frei | mucem.org) ist definitiv der neue Stern am Kulturhimmel von Marseille – aber um was geht es eigentlich? Vor allem darum, verbindende Elemente zwischen den Kulturen des Mittelmeerraums (gestern wie heute) zu suchen. Damit die Fragen nicht nur in den Ausstellungen behandelt werden, wurde auch die Architektur entsprechend konzipiert: Alt *(Fort Saint-Jean)* und Modern (das neue Museumsgebäude J4 auf der Hafenesplanade) wurden in 20 m Höhe durch eine schmale Betonbrücke verbunden – und das Museum mit seiner Hülle aus dunklem Spezialbeton sieht aus wie Brüsseler Spitzen. Die Architekten Rudy Ricciotti und Roland Carta haben so einen Ort geschaffen, der einerseits hoch symbolisch ist und gleichzeitig einfach zum Entspannen einlädt.

Im und auf dem 🔭 Komplex gibt es Gärten, Spazierwege, ein Restaurant und Café von Dreisternekoch Gérald Passedat, eine Aussichtsterrasse mit bequemen Liegestühlen aus Massivholz zum Sonnenbaden, eine kostenlose 🌴 Mediathek, eine Bücherei, eine Kochschule und sogar einen Gemüsegarten. Der *Turm Roi René* im Fort Saint Jean gehört auch dazu – ein paar Treppenstufen mehr, aber dann

gibts den Wow-Effekt: Der komplette Alte Hafen liegt dir zu Füßen! *1, Esplanade du J4 | Bus 49, 60, 82, 82S ⏱ inkl. Ausstellungen mind. 3 Std. | 🗺 b–c 2–3*

INSIDER-TIPP
Alles im Blick

4 VILLA MÉDITERRANÉE

Das Gebäude, das Stefano Boeri als Konferenzzentrum wie ein Sprungbrett über einem Wasserbecken direkt neben dem MuCEM entworfen hat, wird umgebaut und soll mit einer neuen Attraktion eröffnen, einer Nachbildung der Grotte Cosquer in den Calanques. Das Café ist aber geöffnet. *Esplanade du J4 | Bus 60, 82, 82S | 🗺 c2*

5 MUSÉE REGARDS DE PROVENCE

Das 1948 eröffnete, aber seit 1951 leer stehende und in Vergessenheit

Spannender Kontrast: die historisierende Kathedrale La Major und das moderne MuCEM

geratene Quarantänezentrum unterhalb der Kathedrale La Major am Hafen ist vom Privatsammler Pierre Dumon ganz behutsam saniert und zum Museum mit Dachterrasse und Café umgebaut worden. Zu sehen gibt es Bilder, Skulpturen und Fotografien von Künstlern der Region sowie Sonderausstellungen, die zeigen, wie reich die künstlerische Tradition in der Provence und wie gut die Sammlung bestückt ist. *Di–So 10–18 Uhr | Kombiticket Dauer- und Sonderausstellungen 8,50 Euro | Av. Vaudoyer | Bus 60, 82 | museeregardsdeprovence.com | ⏱ 45 Min.–1½ Std. | ◫ c2*

6 LA VIEILLE CHARITÉ

Der wunderbare Barockbau von Pierre Puget aus dem 17. Jh. mitten im Altstadtviertel Le Panier ist mit seinen Sammlungen zur Mittelmeerarchäologie und Kunst aus Afrika, Ozeanien und Amerika sowie Kunst- und Designausstellungen eines der schönsten Museen von Marseille. *Di–So 10–18 Uhr | 6 Euro | 2, Rue de la Charité | Metro 2 Joliette, Tram 2 | vieille-charite-marseille.com | ◫ c1–2*

7 FONDS RÉGIONAL D'ART CONTEMPORAIN

Das Museum für zeitgenössische Kunst hat der japanische Architekt Kengo Kuma mit einem spektakulären Pixelturm gekrönt. Es setzt auch bei Sonderausstellungen konsequent auf junge, zeitgenössische Kunst. Loungebar mit Terrasse! *Mi–Sa 12–19, So 14–18 Uhr | 5 Euro, So frei | 20, Blvd. de Dunkerque | Metro 2 La Joliette, Tram 2 | fracpaca.org | ◫ c1*

8 DOCKS DE LA JOLIETTE

Schon den zweiten Relaunch hat die alte Speicherstadt aus dem 19. Jh. über sich ergehen lassen (müssen). Nun gibt es in ihr nicht mehr nur Büros, sondern vor allem exquisites Shopping- und Schlemmvergnügen. Dazu kommen Ausstellungen und Happenings aller Art. *Metro 2 La Joliette | Tram 2 | lesdocks-marseille.com | ◫ c1–2*

9 FRICHE LA BELLE DE MAI

Auf dem Gelände einer ehemaligen Tabakfabrik im Viertel Belle de Mai neben den Bahngleisen, die zur Gare Saint-Charles führen, ist ein bemerkenswertes Kultur- und Medienzentrum entstanden. Vereine, Radiostationen, Künstlerateliers, Gärten, Skatepark und Musikstudios teilen sich das Terrain der alten Fabrikhallen, die auch noch einen Panoramaturm mit einer riesigen Dachterrasse für Ausstellungen *(Di–So 13–19 Uhr | tagsüber Zugang über die Ausstellungen, 5 Euro)* bekommen haben. Im Hochsommer werden auf der Terrasse Abende mit DJs *(Fr/Sa 19–23 Uhr | Eintritt frei)* oder Freiluft-Kinoabende *(So | Eintritt frei)* organisiert. Die Kantine *Les Grandes Tables de la Friche (außer Do–Sa abends geschl. | Tel. 04 95 04 95 85 | €)* legt Wert auf Slow Food. *41, Rue Jobin | Bus 49, 52 | lafriche.org | ◫ 0*

10 MUSÉE D'HISTOIRE DE MARSEILLE

Beim Bau des Einkaufszentrums Centre Bourse haben Archäologen in den 1960er-Jahren den antiken Hafen gut 250 m vom heutigen Alten Hafen freigelegt. Neben dem *Jardin des Ves-*

337 Wohnungen auf 165 m Länge: die Cité Radieuse von Le Corbusier

tiges mit Ruinen der römischen Stadt hat Architekt Roland Carta das einst etwas verstaubte stadtgeschichtliche Museum im Untergeschoss des Einkaufszentrums völlig neu gestaltet und Platz für das Römerschiff mit seinen Amphoren geschaffen, das bei den Ausgrabungen entdeckt wurde. Das Museum zeichnet die 2600-jährige Geschichte der Stadt bis in die Gegenwart nach. *Di–So 9.30–18 Uhr | 6 Euro | 2, Rue Henri Barbusse | Metro 1 Vieux Port, Tram 2 | musee-histoire-marseille-voie-historique.fr | ▥ d–e2*

⑪ COURS JULIEN/LA PLAINE

Bunte Street-Art an fast jeder Ecke, Kunst in allen Varianten hinter Vitrinen und live, dazu Cafés, Restaurants, Bars und designerdesignte Geschäfte: Das ist das Viertel La Plaine rund um die Place Jean Jaurès mit ihrem großen Markt (Di-, Do- und Sa-Vormittag, Mi-Vormittag Blumenmarkt) und dem Cours Julien (Mi-Vormittag Biomarkt). Da hier großflächig gebaut wird, ist der Marktbetrieb rund um die Place Jean Jaurès allerdings bis mindestens Ende 2020 ausgesetzt. *Metro 2 Notre Dame du Mont | ▥ f2–3*

⑫ MUSÉE CANTINI

Das Museum in dem Stadtpalais, das der Mäzen Jules Cantini mit seiner Sammlung 1916 der Stadt geschenkt hat, ist spezialisiert auf die Kunst des 20. Jhs. bis 1960 um Surrealisten wie André Breton oder Max Ernst, die im Zweiten Weltkrieg als Flüchtlinge in Marseille lebten. *Di–So 9.30–18 Uhr | 6 Euro | 19, Rue Grignan | Metro 1 Estrangin | Facebook | ⏱ 1–1½ Std. | ▥ e3*

13 VALLON DES AUFFES UND MALMOUQUE

Mitten in der Großstadt ein Fischerhafen wie aus dem Bilderbuch. Der Zugang zum *Vallon des Auffes* erfolgt über eine Treppe gegenüber dem Orientkriegerdenkmal *La Porte de l'Orient (Bus 83)*. Unter dem Viadukt sind gleich drei empfehlenswerte Restaurants. Das *Chez Fonfon (tgl. | Tel. 04 91 52 14 38 | chez-fonfon.com | €€€), die* Institution für Fischgerichte, hat sein Angebot erweitert und neben dem Restaurant im kleinen Hafen das Tapabistro *Viaghji di Fonfon (tgl. | Tel. 04 91 52 78 28 | viaghjidifonfon.com | €)* eröffnet. Ein Stern am Gastrohimmel ist *L'Épuisette (So/Mo geschl. | Tel. 04 91 52 17 82 | l-epuisette.fr | €€€),* sehr viel einfacher die *Pizzeria Chez Jeannot (tgl. | Tel. 04 91 52 11 28 | pizzeriachezjeannot.com | €–€€).* Ein weiteres für eine Großstadt überraschendes Viertel mit Ministrand ist *Malmousque.* *⊞ a5*

14 CITÉ RADIEUSE

In Marseille heißt die revolutionäre Wohnanlage von Le Corbusier *Maison du Fada,* „Haus des Verrückten". Die 1953 vollendete „Lichterstadt" auf Pfeilern für 1600 Menschen gilt als Meilenstein der modernen Architekturgeschichte. Das Haus beherbergt das Gourmetrestaurant *Le Ventre de l'Architecte (So/Mo geschl. | Tel. 04 28 31 43 68 | €€€)* im Stil der 1950er und das Hotel *Le Corbusier.* Fahr einfach im Fahrstuhl hoch in die 9.

Etage – von der Dachterrasse hast du einen herrlichen Blick. Führungen inklusive Wohnungsbesichtigung bietet das Office de Tourisme an, du kannst sie aber auch über die Hotelrezeption buchen. *Bus 21, 22 Le Corbusier | ⏱ ohne Führung 45 Min.– 1 Std. | ⊞ 0*

KIRCHEN

Für den Bau der *Cathédrale de La Major (Place de la Major | Bus 49, 60, 82, 82S | ⊞ c2)* im 19. Jh. ist die mittelalterliche Major-Basilika fast komplett zerstört worden. Die Marseiller haben das den Bauherren übelgenommen und dafür die neue Kathedrale abgestraft: Sie ist bis heute innen nicht fertig ausgekleidet und wird aufgrund ihrer dekorativen Streifen „Pyjama" genannt. Dafür ist der *Vorplatz* der neuen Major-Kirche mit herrlichem Blick aufs Meer komplett neu gestaltet.

Die Wehrkirche *Saint-Victor (tgl. 9– 19 Uhr | Place Saint-Victor | Bus 54, 60, 80 | saintvictor.net | ⊞ c4)* aus dem 11. und 13. Jh. mit einer sehenswerten *Krypta (2 Euro)* steht auf den Fundamenten eines einst mächtigen Klosters (3.–5. Jh.) und ist heute Konzertsaal für ein Klassikfestival.

Über die architektonische Schönheit von ⭐ *Notre-Dame-de-la-Garde (tgl. 7–18.15, Sommer bis 19.15 Uhr | Rue Fort du Sanctuaire | Bus 60 | notredamedelagarde.com | ⊞ d5)* aus dem 19. Jh. lässt sich streiten. Der Besuch der *Bonne Mère,* der „Guten Mutter" als Beschützerin der Stadt, lohnt sich aber allemal wegen des tollen Blicks auf die Stadt. Auf dem Hügel mit immerhin 149 m gibt es außerdem eine

Boutique, das von Ordensschwestern betriebene Caférestaurant *L'Eau Vive (tgl. 8–17.30 Uhr | €)* und ein *Museum (Di–So 10–17, Sommer bis 18 Uhr | 5 Euro),* das die letzten 800 Jahre der Pilgerstätte lebendig macht.

PARKS

Einen großartigen Blick auf den Alten Hafen bietet der *Jardin du Pharo (Bus 81, 82, 82S, 83 | ▥ b3)* mit dem *Palais du Pharo,* das Napoleon III. gegenüber dem Fort Saint-Jean für seine Frau bauen ließ.

Über 300 Gärten, Parks und Grünanlagen schmücken Marseille. Das *Palais Longchamp* mit dem sich anschließenden *Parc Longchamp (Metro 1 Cinq-Avenues – Longchamp | ▥ 0)* bietet eine grandiose Kulisse für – von unten – Hochzeitsfotos vor der Fontäne und – von oben – Sonnenuntergangsstimmung über den Dächern der Stadt. Im Palais befinden sich das Naturhistorische und das Museum für schöne Künste, dahinter erstreckt sich der Park, der auf einem riesigen Verteilerbecken für Süßwasser angelegt worden ist. Sehenswert ist vor allem die immense Fontäne, eine Allegorie der Durance, des Flusses, dem die Stadt ihr Wasser zu verdanken hat, das über einen 80 km langen Kanal herangeführt wird.

Der *Parc du 26ème Centenaire (Rond-Point Zino Francescatti | Bus 50, 73 | ▥ 0)* hat ein ehemaliges Bahnhofsgelände zu einer schönen Parklandschaft mit vier Themengärten gemacht, in der der *Arbre de l'Espérance,* der Baum der Hoffnung, für die Multikultistadt steht.

Der *Parc Borély (Bus 19 | ▥ 0)* in der Südstadt an der Pferderennbahn hinter der Strandpromenade hat unterschiedliche Bereiche: einen französischen Garten mit Schloss und Brunnen, einen englischen Park mit See, einen Rosen- und einen botanischen Garten. Anfang Juli ist der Park Schauplatz für die Pétanquemeisterschaft der Zeitung „La Marseillaise". Im Schloss residiert das *Musée Borély (Di–So 10–18 Uhr | 6 Euro | Facebook: Château Borély)* mit Kunstgewerbe, Fayence und Mode.

Das Projekt von Schriftsteller und Filmregisseur Marcel Pagnol, 1941 aus dem Château de la Buzine ein französisches Hollywood zu machen, ist zwar gescheitert, aber der *Parc de la Buzine* um das Kinomuseum *La Buzine (Di–So, JUni–Sept. tgl. 10–18 Uhr | 7,70 Euro | 56, Traverse de la Buzine | Bus 51 | labuzine.com | ▥ 0)* im Osten von Marseille unweit des Einkaufszentrums La Valentine ist einen Spaziergang wert.

ESSEN & TRINKEN

CHEZ MADIE LES GALINETTES

Eines der letzten ursprünglichen Restaurants mit provenzalischen Spezialitäten direkt am Alten Hafen. Mit großer Terrasse. *So-Abend geschl. | 138, Quai du Port | Metro 1 Vieux Port | Tel. 04 91 90 40 87 | €€ | ▥ c3*

MY GARDEN

Nur die grün bemalte Außenfassade verrät das kleine, gemütlich-junge Restaurant. Der Name deutet es an: Hier gibt es vor allem Salate, von europäisch bis asiatisch und vor allem als kreative Mischungen. *Abends und Di geschl. | 32, Rue Caisserie | Bus 60, 82, 82S | Tel. 06 10 34 73 80 | Facebook: MyGarden Marseille | € | ▢ c2*

TEAVORA

INSIDER-TIPP
Beim Tee versacken

Du brauchst eine Verschnaufpause in der Großstadthektik? Hier versackst du herrlich in den dicken Sitzkissen oder im Sand zum Tee-oder-was-anderes-Trinken. weißt du, warum. Es gibt Tee in allen Varianten, dazu Kleinigkeiten in Süß und Salzig. Eine Oase in jedem Sinn des Worts! *So/Mo geschl. | 65, Blvd. Longchamp | Tram 2 | Tel. 04 91 95 73 90 | Facebook | ▢ f1*

TOINOU

Die Einheimischen täuschen sich nicht: Wohl nirgendwo in der Stadt gibt es frischere und bessere Meeresfrüchte. Dafür gibt es kein einziges warmes Gericht, außer den Muschelvariatio-

Austern, Muscheln, Meerschnecken, Kaisergranat: Meeresfrüchte satt gibts bei Toinou

Wundere dich nur nicht, wenn die Tür trotz offizieller Öffnungszeit geschlossen ist, und klingel einfach! Innen geht es von Saal zu Saal, von Ambiente zu Ambiente. Und wundere dich auch nicht, wenn man dich bittet, die Schuhe auszuziehen – spätestens wenn du durch feinen Sand watest, nen in den Monaten ohne „r", also von Mai bis August. *Tgl. | 3, Cours Saint-Louis | Bus 21 | Tel. 04 91 33 14 94 | marseille.toinou.com | € | ▢ e2*

L'ARÔME

Im Szeneviertel La Plaine tolle Bistroküche vom Exkoch des Nobelrestaurants „Les Trois Forts". Kurze Karte und frischer Fisch auf dem Teller. *Mittags und So geschl. | 9, Rue des Trois Rois | Metro 2 Notre Dame du Mont | Tel. 04 91 42 88 80 | Facebook | €€ | ⌑ f3*

LE PETIT NICE PASSEDAT

Eine Auszeit von der Großstadt? Dafür ist die kleine Bucht Anse de Maldormé direkt am Meer perfekt. Und erst recht das Restaurant von Gérald Passedat, dem wohl besten Koch in der Provence. Er hat hier seine eigene Version der Bouillabaisse entwickelt. Lehn dich zurück und genieß den Augen- und Gaumenschmaus; aber nur, wenn du lange im Voraus reserviert (und ein stolzes Sümmchen angespart) hast! *So/Mo geschl. | 17, Corniche John F. Kennedy | Bus 83 | Tel. 04 91 59 25 92 | passedat.fr | €€€ ⌑ a–b6*

SHOPPEN

Auch wenn die alte Prachtstraße *La Canebière (⌑ e–f2)* heute nicht mehr so glänzt wie früher, sie ist zusammen mit ihren Nebenstraßen weiterhin die erste Adresse fürs Shoppingvergnügen im Zentrum. Am Beispiel Schuhe drei Straßen, drei Preiskategorien: In der *Rue de Rome (⌑ e–f 3–4)* findest du Paare ab 5 Euro, in der *Rue Saint-Ferréol (⌑ e3)* ab 50 Euro, in der *Rue Paradis (⌑ e3)* sollten dich 150 Euro nicht schrecken. Für Schuhe braucht man nicht nach Marseille? Recht hast du! Deshalb hier ein paar besondere Adressen, die du so garantiert nirgendwo anders findest.

Wer es würzig mag, muss durch die Gässchen rund um die *Place du Mar-ché-des-Capucins (⌑ e2)* streifen, wo montags bis samstags Markt ist. Vor allem bei *Saladin (10, Rue Longue des Capucins)* riecht und schmeckt es phantastisch nach Orient. Ein paar Schritte weiter im Haushalts- und Eisenwarenladen *Maison Empereur (4, Rue des Récolettes | empereur.fr)* findest du Dinge, die du schon immer gesucht, aber nie gefunden hast, z.B. Seifen zum An-die-Wand-Schrauben oder richtig schwere Eisenpfannen für die Küche – eine Art französisches Manufactum. Und bei *Père Blaize (4–6, Rue Meolan et du Père Blaize | pere blaize.fr)* gibt es jedes Küchenkräutchen, das du dir vorstellen kannst; keine Angst: Nur die Einrichtung ist alt, die Kräuter sind frisch!

Jetzt brauchst du noch Rezepte oder Bestimmungsbücher? Am *Cours d'Estienne d'Orves (⌑ d3)* im *Les Arcenaulx (les-arcenaulx.com)* – da kann man übrigens auch wunderbar essen! – ist die Buchhandlung *Jeanne Laffitte* eine Referenz. Oder du spazierst auf die andere Hafenseite in den *Buchladen im MuCEM (⌑ b2)*. Wenn du dann schon da drüben bist: Das Panier, vor allem die *Rue du Panier (⌑ c–d2)* und ihre Seitengassen, ist *der* Ort für Secondhand-Designer-Antiquitäten-Läden (doch, so etwas gibt es tatsächlich!). Jetzt brauchst du dringend was Süßes für den Gaumen? *L'Espérantine (17, Quai de la Tourette | ⌑ c2)* verkauft <mark>Schokolade, die mit Olivenöl hergestellt ist!</mark>

<mark>**INSIDER-TIPP**</mark>
So geht Schoko auf provenzalisch

Die klassische Kernseife aus Marseille führt die *Compagnie de Provence (1,*

Nur einer von mehr als 150: Uniqlo-Store in der Shoppinggalerie Les Terrasses du Port

Rue Caisserie | ⌑ d2). Ebenfalls eine Institution in Marseille ist die Familie Rofritsch, die seit über 100 Jahren Pétanquekugeln produziert. Die für die Hand des Spielers maßgeschneiderte *triplette (drei Kugeln)* der letzten Boulefabrik in der Stadt kostet zwischen 100 und 230 Euro, Geschenkboxen gibts ab 45 Euro: *La Boule Bleue (Montée Saint-Menet | La Valentine | labouleblue.fr | ⌑ 0)*.

Im Street-Art-Viertel rund um den Cours Julien *(⌑ f2–3)* findest du Mode made in Marseille, z. B. *Madame Zaza of Marseille (73, Cours Julien)*, im *Comptoir de la Plaine (27b, Rue de la Bibliothèque)* außerdem auch Deko und Schmuck. Sympathisch sind auch *Le Wishes (16, Rue Pastoret | Facebook)* oder der Konzeptstore *Oogie (55, Cours Julien | oogie.eu)*.

Für Kreuzfahrttouristen konzipiert, aber auch für Leute, die auf der riesigen Terrasse hoch über dem Hafenbecken von Boutique zu Boutique spazieren wollen, ist *Les Terrasses du Port (9, Quai du Lazaret | lesterrassesduport. com | ⌑ 0)* mit über 150 (Luxus-)Geschäften, Cafés und Restaurants.

SPORT & SPASS

SCHIFFSAUSFLÜGE

Ausflüge in die Bucht von Marseille *(ab 10 Euro)* oder in die Calanques *(2½–3½ Std. | ab 23 Euro)* bietet *Icard Maritime (1, Quai Marcel Pagnol | Tel. 04 91 33 36 79 | marseille-cote-mer. com | ⌑ c3)* an. Besonders attraktiv ist der Ausflug mit dem Hybridschiff Helios in die Calanques, wenn in den Buchten der Diesel abgeschaltet wird und nur noch die Elektromotoren säuseln. Am besten vorher übers Internet oder ein paar Stunden vor der Tour vor Ort Tickets kaufen, das erspart Schlangestehen.

SKATEPARK
Für Kenner gehört der Skatepark am Strand von Borély zu den interessantesten Halfpipes der Region. *Bus 19, 83 | ▥ 0*

STRÄNDE

Bei der David-Statue (eine Kopie des Michelangelo-Werks) auf der Kreuzung der Küstenstraße mit der Avenue du Prado findest du die *Plages du Prado (▥ 0)* mit Sand- und Kieselstränden, Duschen, Rasenfläche, Cafés und Restaurants sowie im Sommer Konzerten und Beachvolleyballturnieren. Etwas weiter südlich wartet mit der *Plage de la Pointe Rouge* einer der wenigen reinen Sandstrände. Erst nach einer Wanderung erreichbar, aber daher um so schöner sind die Kieselstrände der Calanques *Sugiton* und *Marseilleveyre*. In die andere Richtung, nach Norden hin, sind vor allem die 🐦 🐵 *Plages de Corbière (▥ 0)* im Nordwesten von L'Estaque mit Blick auf die Bucht von Marseille, dem saubersten Wasser der Stadtstrände und einer besonders familienfreundlichen Atmosphäre empfehlenswert.

WELLNESS

LES BAINS DE SHERAZADE
Der Orient ist in Marseille nicht nur auf den Märkten präsent. Dieser ist

Hoch her geht es in den Lokalen von Belle de Mai wie hier im Cabaret Aléatoire

einer der schönsten Hamams der Stadt, aber deshalb nicht teurer als andere. *Di–Fr 11–19, Sa 10–20 Uhr | 25 Euro | 23, Rue du Docteur Jean Fiolle | Tel. 04 91 42 14 43 | lesbains desherazade.fr | ⬚ f5*

FESTIVAL

Für den ✿ *Plan B* des MuCEM im Juli/August solltest du andere Pläne verschieben. Wo sonst bekommt man (kostenlos!) junge Musik samt Blick aufs Mittelmeer und Sonnenuntergangsstimmung?

AUSGEHEN & FEIERN

Neben Oper, Theater, Varieté und großen Popkonzerten bietet Marseille überdies eine lebhafte *movida* der Szene. Zentren für Künstlerkneipen, Jazzclubs, Technodiscos und Rockkonzerte sind das Viertel *La Plaine* (⬚ f2–3) rund um den Cours Julien, das Künstlerviertel in den ehemaligen Industriebrachen von *La Belle de Mai* (⬚ 0) im Norden des Hauptbahnhofs Saint-Charles sowie der *Ilôt Thiars* (⬚ d3) mit dem Quai de Rive-Neuve am Alten Hafen und seinen Diskotheken wie *Le Trolleybus* oder *La Dame Noir*.

Wer nach all den Provence-Weinen mal wieder ein gutes Bier möchte, ist in der *Cane Bière (Mo–Sa 9–22 Uhr | 32, Blvd. Philippon | Facebook | ⬚ 0)* richtig: Zig Sorten von nah und fern werden hier gezapft oder in der Flasche verkauft, entweder zum An-Ort-und-Stelle-Trinken oder zum Mitnehmen.

All denen zum Trotz, die meinen, Alkohol und Seegang vertrügen sich nicht, gibts die *Borderline (borderliner.fr):* ein Partyschiff, das im Sommer jeden Sonntag zum Party-Apéro in See sticht. Ebenso beliebt sind die zahlreichen Rooftop-Apéros *(airdemarseille.com).* Obercool: Aperitif in einer Geheimbar! Die heißt *Carry Nation (carry nation.fr)* und niemand darf verraten, wo sie sich befindet. Bekannt ist nur, dass sich ihr Zugang in einer Art Kiosk hinter einem Schrank befindet … Etwas einfacher zu erreichen ist die Bar *Dans les Arbres (carrynation.fr)* in Aubagne. Dort schlürft man den Aperitif in 4 m Höhe – im Baumhaus!

RUND UM MARSEILLE

CÔTE BLEUE

33 km bis Carry-le-Rouet westlich von Marseille/35 Min. über die A 55

Die „Blaue Küste" zwischen L'Estaque und Martigues ist lange Zeit das Naherholungsgebiet für die Großstädter aus Marseille geblieben, öffnet sich aber immer mehr dem Tourismus. Viel Platz gibt es nicht in den Minibuchten wie z. B. der *Calanque de Niolon,* die neben einem Tauchzentrum mit der *Auberge du Mérou (im Winter So-Abend und Mo geschl. | Tel. 04 91 46 98 69 | aubergedumerou.fr | €€)* ein Restaurant mit Traumblick auf die Bucht beherbergt. Die noch kleineren Buchten von *La Redonne, Les Figuières* und *Méjean* im Westen sind an Sommer-

wochenenden nur zu Fuß über den Küstenwanderweg (*Sentier du Littoral*) zu erreichen. Trotzdem ist im Restaurant *Le Mange-Tout* (im Sommer tgl. | 8, Chemin du Tire-Cul | Tel. 04 42 45 91 68 | legardemangerdusud.com | €–€€) direkt am Wasser eine Reservierung ratsam.

Carry-le-Rouet ist mit seinem Tauchclub *Aqua Evasion* (aqua-evasion.com) das Zentrum des Parc Régional Marin de la Côte Bleue (*parcmarincotebleue. fr*) und hat sogar einen Sandstrand. Die Strände von *Sausset-les-Pins* sind wegen ihrer Wellen besonders bei Surfern beliebt. Die ✱ *Plage Four-à-Chaux* ist dagegen zwar klein, dafür aber der einzige auch bei Mistralwind gut geschützte Strand. Das Städtchen, das jeden Sonntag zum riesigen Marktplatz wird, ist mit seinem Boule-

platz mit Blick aufs Meer, Restaurants wie *Les Girelles* (So-Abend und Mo geschl. | 15, Rue Frédéric Mistral | Tel. 04 42 45 26 16 | restaurantlesgirelles. fr | €€), Bars und Geschäften rund um den hübschen Hafen das ganze Jahr über lebendig.

Den größten Sandstrand an der Côte Bleue findest du an der *Anse du Verdon* in *La Couronne*, das schon zu *Martigues* gehört. Die Stadt (48 000 Ew.) 40 km nordwestlich von Marseille gilt mit ihren Kanälen als „provenzalisches Venedig", auch wenn die hübsche Innenstadt mit dem Hafenbecken *Miroir des Oiseaux* nur relativ klein ist. Sonntagvormittags erlebst du hier auf den Kais im Viertel L'Île einen der vielseitigsten Märkte der Provence. Da glänzen die von den Fischverkäufern abgeschabten Fischschuppen, die0 farbenfrohen Wachstuchdecken und das Wasser der Kanäle um die Wette. ⌕ *F6–7*

AUBAGNE

20 km östlich von Marseille/10 Min. mit dem Zug

Den Fremdenlegionären, die in Aubagne (45 000 Ew.) stationiert sind, begegnet man selten in der Stadt, dafür aber umso mehr kleinen Tonfiguren: Aubagne ist *der* Hotspot für Krippenfiguren, und das nicht nur im Winter! Besonders nett: *Le Petit Monde de Marcel Pagnol (Mo–Sa 10–12.30 und 14–18 Uhr | Eintritt frei | Esplanade de Gaulle);* dort ist das gesamte Universum, das Marcel Pagnol in Büchern und Filmen geschaffen hat, in Tonfiguren dargestellt. ⌕ *G7*

MASSIF DE LA SAINTE-BAUME

50 km bis zum Saint-Pilon östlich von Marseille/1¼ Std. über die A 50 und die D 2

Ein für provenzalische Verhältnisse ungewöhnlicher Wald mit Buchen und Linden, die im Schutz einer 300 m hohen, senkrechten Felswand gedeihen. Das Gebirge mit seinem 1147 m hohen Gipfel, dem weithin sichtbaren *Signal de la Sainte-Baume,* ist seit Urzeiten ein Pilgerort. Eine *Grotte* in 946 m Höhe unterhalb des Saint-Pilon mit Blick auf die Montagne Sainte-Victoire ist Maria Magdalena gewidmet, die hier 30 Jahre lang gelebt haben soll und deren Reliquien in *Saint-Maximin-la-Sainte-Baume* (12 500 Ew.) verehrt werden. Die *Basilika,* eines der wichtigsten provenzalischen Bauwerke im gotischen Stil, ist

seit dem 13. Jh. ein Wallfahrtsort. ⌕ *H6–7*

CALANQUES ★

Südlich von Marseille/Anfahrt mit Buslinien 21, 22 und 23 ab Metro Rondpoint du Prado, dann weiter zu Fuß

Callelongue, so heißt das Ende der Welt im Südosten von Marseille. Dort endet die Küstenstraße in einem ganz kleinen Hafen mit seinen *cabanons,* den typischen Häuschen für die Sommerfrische. Von hier geht es nur noch zu Fuß weiter in die Felsenlandschaft, die als Nationalpark geschützt ist. Der 28 km lange Wanderweg GR 98–51 führt bis nach Cassis, ist allerdings an einem Tag kaum zu schaffen; dazu kommt, dass es in den weißen Kalksteinfelsen am blauen Meer kein Süßwasser gibt. Nur zwei der fjordartigen Buchten sind bewohnt, die Zufahrtsstraßen zu den *cabanons* ohne Strom und fließendes Wasser in Sormiou und Morgiou sind im Sommer allerdings gesperrt und nur für Buszubringer geöffnet. Bei Waldbrandgefahr gibt es auch zu Fuß kein Durchkommen mehr, der Zugang in das Bergmassiv ist dann komplett gesperrt.

Für einen ersten Eindruck ist von Callelongue aus der einfache Spaziergang ohne große Höhenunterschiede in die Bucht von Marseilleveyre zum Café *Chez le Belge* empfehlenswert; von Cassis aus geht es über die Steinbrüche von Port-Miou bequem zur Calanque Port-Pin. Kletterer starten bei der Universität Luminy zu ihren Touren. Eine Wanderung in den Calanques findesxt du im Kapitel „Erlebnistouren". *calanques-parcnational.fr* | ⌕ *G7*

CASSIS ★

24 km südöstlich von Marseille/
45 Min. über die D 559

Die Hügel sind trotz der Weinberge für die AOP-Weißweine ziemlich verbaut, aber der Hafen des Badeorts (8000 Ew.) ist immer noch wunderschön. Direkt am Hafen gibt es eine riesige Auswahl an Restaurants aller Preisklassen. Herrliche Felsenstrände erstrecken sich zwischen der Plage du Bestouan am südwestlichen Ortsrand und der Halbinsel auf dem Weg in die Calanques *Port-Miou*, *Port-Pin* und *En-Vau*. Der Strand von En-Vau gehört laut National Geographic sogar unter die 20 Topstrände der Welt! *G7*

ROUTE DES CRÊTES ★

24 km bis Cassis südöstlich von Marseille/45 Min. über die D 559

Eine der spektakulärsten Küstenstraßen Frankreichs: Auf den knapp 15 km zwischen Cassis und La Ciotat bietet die D 141 von ihren Felsnasen atemraubende Ausblicke auf Cassis, die Calanques, La Ciotat und das Meer. Die Strecke kann bei starkem Wind oder Waldbrandgefahr geschlossen sein. *G7*

Stillleben mit Booten: im Hafen des Badestädtchens La Ciotat

LA CIOTAT ⚑

35 km südöstlich von Marseille/
45 Min. über die A 50

Die Küstenstadt (32 000 Ew.) am Fuß des roten Felsens Bec de l'Aigle hat sich nach dem Konkurs der Großwerften in einen Badeort verwandelt. Trotz Spielkasino bietet der Ort, der das erste Kino der Welt, das *Eden Théâtre (edencinemalaciotat.com)*, aufwendig renoviert und wiedereröffnet hat, keinen Luxus, sondern familiäre Atmosphäre. Das gilt auch fürs Restaurant *Chez Tania (im Sommer tgl. | Tel. 04 42 08 41 71 | figuerolles.com | €€€)* in der *Calanque de Figuerolles,* die über knapp 100 Treppenstufen zu Fuß oder per Boot zu erreichen ist. Türkisfarbenes Wasser und eine geschützte Lage zwischen den roten Felsen des Orts erwarten dich hier. Schön ist die Aussicht vom Restaurant *Au Chantier (tgl. | 46, Quai François Mitterrand | Tel. 04 42 84 44 39 | auchantier.fr | €€–€€€)*, dem ehemaligen Verwaltungsgebäude der Werften, auf Hafen und Stadt. Lohnend ist ein Ausflug *(13 Euro)* auf die *Île Verte (laciotat-ileverte.com),* ein grünes, unbewohntes Eiland in der Bucht von La Ciotat, das mit seinen Ruinen des Forts Saint-Pierre und einigen hübschen Stränden bei einem ca. einstündigen Spaziergang zu entdecken ist. *G–H7*

Markantes Erkennungszeichen von La Ciotat ist der Felsen Bec de l'Aigle

BANDOL

55 km südöstlich von Marseille/1 Std. über die A 50

Das Hafenstädtchen (8000 Ew.) hat eine Gemeinsamkeit mit Bordeaux am Atlantik: Auf dem Gemeindegebiet wächst keine einzige Rebe mit der spät reifenden Mourvèdretraube, aber die Weine, die den Namen der AOP Bandol tragen und im Hinterland rund um die hübschen Felsendörfer Le Castellet und Le Beausset wachsen, sind auf der ganzen Welt bekannt.

Es gibt schöne Strände, eine hübsche Altstadt unterhalb der verbauten Hügel und mit *Bendor (lesilespaulricard. com)* eine Insel mit Hotelrestaurant, Galerie und Kunsthandwerkerdorf, die den Erben des Pastiskönigs Paul Ricard gehört und in nicht einmal zehn Minuten per Schiff erreichbar ist. *H8*

SANARY-SUR-MER

55 km südöstlich von Marseille/1 Std. über die A 50

Die Hafenstadt (16 000 Ew.) war im Zweiten Weltkrieg die Hauptstadt der deutschen Literatur: Lion Feuchtwanger hatte sich auf der Flucht vor den Nationalsozialisten hier niedergelassen, Franz Werfel, Ernst Bloch, Alma Mahler, Bertolt Brecht und Thomas Mann machten im Exil Station in der Bucht, in der schon 1918 Aldous Huxley sein Domizil gefunden hatte. Die ehemaligen Häuser der Schriftsteller sind mit Gedenktafeln markiert. Heute ist Sanary ein schöner Badeort; am Hafen findet mittwochvormittags ein großer Markt statt. Das *Hôtel de la Tour,* in dem einst Bert Brecht abgestiegen ist, mit seinem *Fischrestaurant (Di/Mi geschl. | 24, Quai Général de Gaulle | Tel. 04 94 74 10 10 | sanary-hoteldela tour.com | €€–€€€)* direkt am Meer gibt es immer noch. Auf die dazugehörige ✪ *Tour Romane (April–Okt., stark gestaffelte Zeiten, Kernzeit tgl. 10 –12.30 und 16.30–18 Uhr)* kannst du kostenlos hinaufsteigen und wirst mit einem tollen Panorama über den Hafen und die Stadt belohnt. *H8*

ERLEBNIS TOUREN

Lust, die Besonderheiten der Region zu entdecken? Dann sind die Erlebnistouren genau das Richtige für dich! Ganz einfach wird es mit der MARCO POLO Touren-App: Die Tour über den QR-Code aufs Smartphone laden – und auch offline die perfekte Orientierung haben.

❶ ALTE STEINE UND KRÄFTIGE FARBEN IM LUBERON

➤ Dörfer-Hopping und Kurven fahren
➤ Leuchtende Farbspiele im Colorado Provençal bewundern
➤ Ehemals verlassene Dörfer ganz geschäftig erleben

📍	Apt	🏁	Apt
🔄	rund 125 km	🚗	2 Tage, reine Fahrzeit 3 Stunden

TAG 1
❶ Apt
4 km   5 Min.
❷ Saignon

Auf der D 48 geht es von ❶ Apt ➤ S. 76 zunächst nach ❷ Saignon. Das wunderschöne Dorf liegt hoch auf einem Felsen und lädt mit herrlicher Aussicht auf den

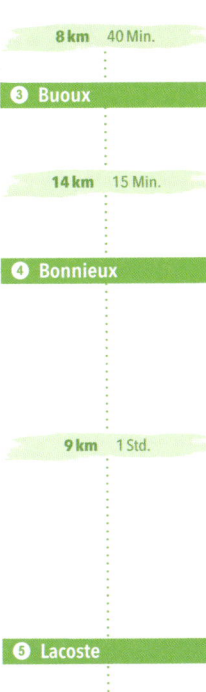

Charmantes Ziel beim Dörferhopping im Luberon: Lacoste

Mont Ventoux zu einem ersten Spaziergang ein. *Von Saignon ist es über die D 232 und die D 113 nur ein Katzensprung nach ❸ Buoux.* Ob Freeclimber oder Zuschauer – der Ort lockt mit seinen Kletterfelsen *(falaises)* im Tal des Flusses Aiguebrun.

IM ZWEITRESTAURANT DES STERNEKOCHS
Von Buoux geht es auf kleinen, malerischen Straßen (D 113, D 943 und D 36) nach ❹ Bonnieux, das mit seinen Gassen und Aussichtspunkten einen zweiten Spaziergang lohnt. Starkoch Edouard Loubet hat die **Domaine de Capelongue** *(Tel. 04 90 75 89 78 | cape longue.com)* zum Gourmettempel mit 43 Luxuszimmern ausgebaut. Wenn du jetzt schon Hunger hast: Im schönen Zweitrestaurant **La Bergerie** *(Mitte März–Nov. tgl. | €€–€€€)* kannst du das herrliche Gelände und die exquisite Küche zu vergleichsweise erschwinglichen Preisen genießen.

ROMANISCHE KAPELLE,
ROMANTISCHER ROSENGARTEN
Nächstes Ziel ist ❺ **Lacoste** mit der Ruine jenes Schlosses, das im 18. Jh. der Marquis de Sade mit seinen Orgien berühmt gemacht hat. Das **Château** mit herrlicher

8 km 40 Min.

❸ Buoux

14 km 15 Min.

❹ Bonnieux

9 km 1 Std.

❺ Lacoste

Aussicht wird seit Jahren von Modeschöpfer Pierre Cardin renoviert. Von Lacoste mit seinen steilen Gassen und schönen Gärten *geht es über die D 109 nach Westen in Richtung Ménerbes. Ein Abstecher lohnt sich zur* ❻ *Abbaye Saint-Hilaire (Ostern–Mitte Nov. und Weihnachtsferien tgl. 10–18 Uhr | 2,50 Euro | abbaye-saint-hilaire-vaucluse.com).* Die Abtei bezaubert mit einer romanischen Kapelle, einem Kreuzgang und einem Rosengarten.

TRÜFFELN SCHLEMMEN AUF DER TERRASSE
Nach der Stille im ehemaligen Karmeliterkloster wirkt die frühere Bastion der Hugenotten, ❼ Ménerbes, quicklebendig. Das Festungsdorf, eine Zeit lang Domizil des britischen Schriftstellers Peter Mayle und deswegen ein Ziel für Touristenbusse, hat Charme. In der **Maison de la Truffe et du Vin du Luberon** *(April–Okt. tgl. 10–18, Dez.–März Do–Sa 10–17 Uhr | Eintritt frei | Place de l'Horloge | vin-truffe-luberon.com)* gibt es Kunstausstellungen und einen empfehlenswerten Weinkeller sowie ein Restaurant. Lass dir von April bis Oktober mittags nicht die Trüffelspezialitäten *(€€–€€€)* im denkmalgeschützten Gebäude mit einer herrlichen Terrasse entgehen!

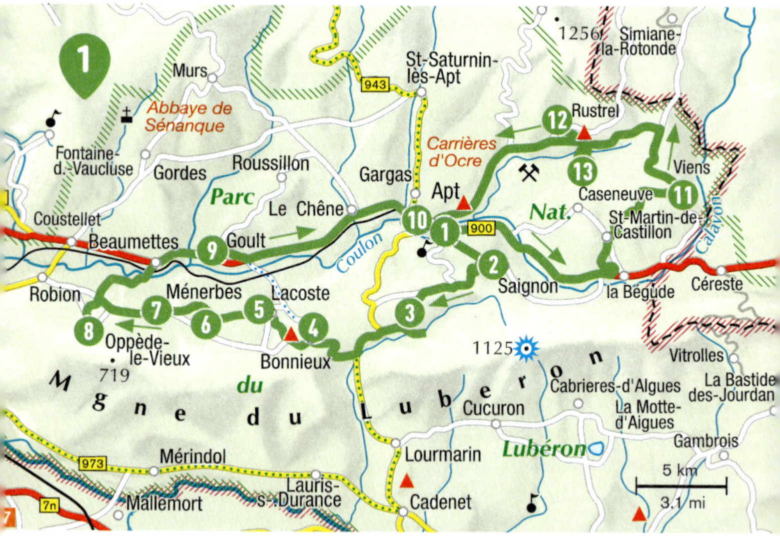

3 km   5 Min.

❻ **Abbaye Saint-Hilaire**

4 km   5 Min.

❼ **Ménerbes**

7 km   10 Min.

Nur ein paar Kilometer weiter nach Westen und du erreichst das Dorf **❽ Oppède-le-Vieux ➤ S. 78** mit seiner Burgruine hoch über dem alten Dorfkern.

SPAZIERGANG DURCH DIE LÄNDLICHE PROVENCE VON EINST

Mach *auf dem Rückweg nach Apt über die D 900* in **❾ Goult** noch einmal eine Pause. Liebhaber von alten Steinhäusern kommen in dem Dorf unterhalb des alten Schlosses auf ihre Kosten. Wie die ländliche Provence früher ausgesehen hat, ist an den mörtellosen Trockenmauern des **Conservatoire des Terrasses** zu sehen, *das man über einen Weg von der Kirche aus erreicht.* Nach **❿ Apt** ist es dann nur noch eine Viertelstunde.

Bitte nicht in weißen Sneakers: Spaziergang in den Ockerbrüchen bei Rustrel

Am zweiten Tag nimmst du die D 900 bis zum Abzweig nach Saint-Martin-de-Castillon und fährst dann auf der D 190 nach **⓫ Viens**. Das ausgesprochen schöne Dorf ist noch nicht so überlaufen. Nimm es als Ausgangspunkt für eine kurze Wanderung zu den *bories,* den Trockensteinhäusern auf der Ebene von Caseneuve.

EIN FARBENSPEKTAKEL: DIE OCKERBRÜCHE

Über die D 33 und D 22 führt die Fahrt anschließend *nach* **⓬ Rustrel**. Hier serviert der Landgasthof **Auberge de Rustreou** *(Mo geschl. | 3, Place de la Fête | Tel. 04 90 04 90 90 | rustreou-hotel-apt.fr | €)* gute provenzalische Küche. So gestärkt, kannst du zum Abschluss eine weitere Facette des Luberon erkunden: *Vom Parkplatz (5 Euro) rund 1,5 km südlich des Dorfs* führen Wanderwege durch den **⓭ Colorado Provençal**, also die Ockerbrüche mit ihren leuchtenden Farben und den Hügeln aus dem eisenhaltigen Material. Nimm dir Zeit für einen besonderen Spaziergang, den Fotoapparat in der Hand, *bevor du über die D 22 nach* **❶ Apt** *zurückkehrst.*

❽ Oppède-le-Vieux	
11 km	25 Min.
❾ Goult	
16 km	15 Min.
❿ Apt	
TAG 2	
22 km	25 Min.
⓫ Viens	
13 km	45 Min.
⓬ Rustrel	
3 km	25 Min.
⓭ Colorado Provençal	
14 km	1½ Std.
❶ Apt	

❷ ZU FUSS DURCH DIE CALANQUES VON MARSEILLE

➤ Zwischen Himmel und Meer wandern
➤ Traumblicke auf kleine Felsbuchten mit türkisfarbenem Wasser
➤ Schnuckelige Strandhäuschen und Fischerboote in Morgiou

📍 Universität von Luminy   🏁 Universität von Luminy

🔄 gut 10 km   🥾 1 Tag, reine Gehzeit 5–6 Stunden

↗ 500 m   📊 mittel

ℹ️ Mitnehmen: Badesachen, Wanderschuhe, Picknick, Sonnenschutz, mindestens 1,5 l Wasser pro Person (in den Calanques gibt es weder Quellen noch fließendes Wasser!) Im Hochsommer gelten wegen Waldbrandgefahr drastische Sicherheitsvorschriften. Unter der Telefonnummer *08 11 20 13 13 (*)* gibt das Departement Bouches-du-Rhône täglich Informationen, ob die Calanques gesperrt sind. Die ❶ **Universität von Luminy** ist von Marseille aus mit dem Bus Nr. 21 zu erreichen. Parkplätze gibt es auf dem Campus.
In der Hauptsaison solltest du diese Tour wenn irgend möglich unter der Woche machen.

❶ **Universität von Luminy**

1800 m   30 Min.

❷ **Col de Sugiton**

700 m   10 Min.

Das klassische Tor für eine Entdeckungstour in den Calanques öffnet sich bei der ❶ **Universität von Luminy** am südöstlichen Stadtrand. *Der knapp 4 km lange Lehrpfad hinunter zur* **Bucht von Sugiton** zeigt, dass die Calanques alles andere als eine Steinwüste sind. Schon auf den ersten Metern des breiten Wegs lässt die Sonne Rosmarinsträucher intensiv duften. Mit dem Baumbewuchs ist es erst auf dem 217 m hohen Pass ❷ **Col de Sugiton** vorbei. Nur Büsche überleben hier noch in den Kalkfelsen.

AUSSICHTSPUNKT ÜBER DIE KÜSTE

Tief unten blinkt das Meer. *Bieg am Pass rechts auf den Weg zum Belvedere ab* und schau dir die Informationstafeln über das Wasser in den Calanques oder über

Fossilien an. *Nach knapp 700 m hast du die Plattform auf dem* ❸ **Berggrat von Saint-Michel** *in 246 m Höhe erreicht.* Von dort hast du eine herrliche Sicht auf die Calanque von Morgiou und die Bucht von Sugiton mit ihrer kleinen Felseninsel, die wie ein steinernes Torpedoboot aussieht und deshalb „Torpilleur" heißt.

Nun kehrst du auf dem bequemen Weg wieder zurück zum Col de Sugiton und nimmst dort den etwas sportlicheren, rot-weiß ausgeschilderten Weg hinunter in den Vallon de Sugiton. Kurz vor dem kleinen Strand geht es rechts über eine Treppe hinunter ans Wasser. Die wenigen Meter hinüber zur Felseninsel ❹ **Le Torpilleur** sind eine der schönsten Schwimmstrecken im Land. An diesem Kieselstrand kannst du außerdem wunderbar pickni-

INSIDER-TIPP
(Be-)Rauschendes Meer

❸ **Berggrat von Saint-Michel**	
2100 m	40 Min.
❹ **Le Torpilleur**	

Bad in der Bucht von Sugiton – wer noch Power hat, schwimmt zur Felsinsel Le Torpilleur

cken. Mach es dir bequem, genieß den tollen Blick und lass es dir schmecken.

1600 m 40 Min.

❺ Morgiou

4500 m 1¾ Std.

❶ Universität von Luminy

FRISCHER FISCH IN DER STRANDHÜTTE

Wer sich nicht sattsehen kann an all der Küstenschönheit, klettert die Leiter rechts des Strandes hoch und begibt sich auf *einen Abstecher (Wanderwege GR 98 und GR 51) nach* ❺ Morgiou, einer der beiden bewohnten Calanques. In Morgiou ankern auch heute noch immer ein paar Fischerboote. Für die Menschen in Marseille ist schon der Name ein Traum – ein natürlicher Hafen, ein paar Dutzend einfache Häuser, die *cabanons.* Das provenzalische Wort für Hütte steht für eine ganze Lebensart. Einen Hauch von diesem mediterranen Lebensgefühl kannst du in der Nautic Bar *(Tel. 04 91 40 06 37 | €–€€€)* schnuppern, einem Caférestaurant mit frischen Fischgerichten, das ganzjährig geöffnet ist.

Von Morgiou aus wanderst du dann auf demselben Weg über die Sugiton-Bucht und den Col de Sugiton zurück zur ❶ Universität von Luminy, dem Vorboten der Zivilisation.

❸ WEINGÜTER RUND UM AIX-EN-PROVENCE

➤ **Wein so weit das Auge reicht**
➤ **Ehemaligen Fremdenlegionären beim Weinanbau begegnen**
➤ **Wein-Kunst nicht nur im Glas**

📍 Aix-en-Provence		Aix-en-Provence
🔄 gut 150 km	🚗	2 Tage, reine Fahrzeit 3–4 Stunden

ℹ️ Bei Waldbrandgefahr im Sommer kann der Winzerlehrpfad in Puyloubier zum Teil gesperrt werden.
Lost am besten einen Fahrer aus, denn auch in Frankreich liegt die Promillegrenze bei 0,5.

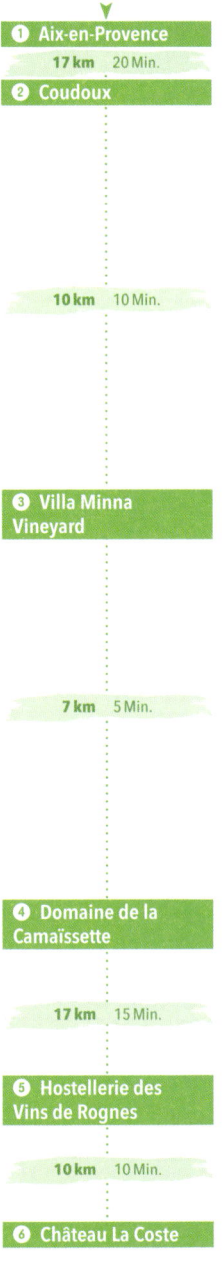

Die Fahrt beginnt in ❶ **Aix-en-Provence** ➤ *S. 88 und führt in Richtung Berre auf der* **Route des Vins** *(coteaux aixenprovence.com) in den Westen nach* ❷ **Coudoux***, wo das* **Château Saint-Hilaire** *(13, Chemin de la Croix | Tel. 04 42 52 02 40 | chateau-saint-hilaire.fr) von Yves Lapierre die Messlatte schon relativ hoch legt: Die rote Spitzencuvée und der Rosé stehen auf der Karte von guten Restaurants der Region.*

EINE FINNIN UND EIN RENNFAHRER MACHEN IN WEIN

Die Fahrt *auf der D 67E von Coudoux hinauf in Richtung Lambesc* bietet schöne Aussichten auf den Étang de Berre und die Montagne Sainte Victoire. *Im Weiler Les Quatre Termes geht es rechts auf die D 17.* Die aus Finnland stammende Minna Luc und der ehemalige Rennfahrer Jean-Paul Luc keltern in ihrem ❸ **Villa Minna Vineyard** *(Tel. 04 42 57 23 19 | villaminnavineyard.fr) 3 km nach der Kreuzung* sorgfältig ausgebaute Rotweine und fruchtige Weiße. Bleib gegebenenfalls noch länger: Im Sommer gibt es gelegentlich Jazzkonzerte auf dem Weingut.

ZIEGENKÄSE UND BIOOBST

Nur ein paar Hundert Meter weiter auf der Straße nach Éguilles baut Manon Beaumont Biogemüse und -obst an und verkauft im **Le Jardin de Manon** *(Di–Fr 15–19, Sa 10–13 Uhr | lejardindemanon.com)* ihre Produkte, darunter auch Ziegenkäse und selbst gemachte Konserven. *Kurz darauf biegst du noch vor Éguilles links ab auf die D 18.* Dort lohnt ein Halt bei der Bio-❹ **Domaine de la Camaïssette** *(Tel. 04 42 92 57 55 | camaissette.fr)* mit preiswerten, guten Tropfen in allen drei Farben.

Über die D 18 und später die D 15 geht es durch schöne Landschaft nach Rognes – hier hat die Winzerkooperative mit der ❺ **Hostellerie des Vins de Rognes** *(Chemin de Brès | Tel. 04 42 50 26 79 | hostelleriedesvinsderognes. com)* eine hypermoderne Abfüllanlage mit großem Laden und Verkostungsmöglichkeiten gebaut. *Von Rognes geht es Richtung Le Puy-Sainte-Réparade, wo an der D 14 mit dem* ❻ **Château La Coste** *(tgl. 10–19 Uhr |*

---

❶ Aix-en-Provence
17 km 20 Min.
❷ Coudoux

10 km 10 Min.

❸ Villa Minna Vineyard

7 km 5 Min.

❹ Domaine de la Camaïssette

17 km 15 Min.

❺ Hostellerie des Vins de Rognes

10 km 10 Min.

❻ Château La Coste

Route de la Cride | Tel. 04 42 61 92 93 | chateau-la-coste.com) das nicht nur architektonisch außergewöhnlichste Weingut in Südfrankreich liegt.

SPIELPLATZ DER KÜNSTLER UND ARCHITEKTEN

Der irische Geschäftsmann Patrick McKillan hat sich einen Traum verwirklicht: Das auf Bioanbau umgestellte Weingut um eine Bastide aus dem 17. Jh. ist durch Architekten wie Frank Gehry, Tadao Ando oder Jean Nouvel sowie Künstler wie Richard Serra, Louise Bourgeois oder Alexander Calder, deren Werke auf dem Gelände ausgestellt sind, zu einem Gesamtkunstwerk geworden. Angeboten werden Verkostungen (gratis), Kunstspaziergänge *(15 Euro)* durch das Gelände und Kellerführungen *(12 Euro)*. Die Cafeteria *(€–€€)* sorgt für gute Bewirtung mit Bioprodukten.

DER PIONIER DER BIOWEINE

Ein paar Nummern kleiner ist die **❼ Domaine Les Bastides** *(Route de Saint-Canadet | Tel. 04 42 61 97 66 | domaine-les-bastides.business.site)* an der D 13 südlich von Le Puy-Sainte-Réparade, wo Altmeister Jean Salen seit Jahrzehnten Bioweine keltert. Tochter Carole Salen ist dabei, den Betrieb behutsam zu modernisieren. *Von dort geht es auf die kostenlose A 51, die dich zurück nach* **❽ Aix-en-Provence** *führt.*

EINE RUNDE BOULE IM CÉZANNE-DORF

Am zweiten Tag fährst du von Aix am Südhang der Montagne Sainte-Victoire entlang Richtung Puyloubier. Dafür bietet sich vom Stadtzentrum aus die **Route de Cézanne** *an,* Frankreichs einzige Straße, die unter Denkmalschutz steht. Die D 17 führt an den Orten vorbei, an denen Paul Cézanne einst seine Staffelei aufgebaut hat. *Zunächst erreichst du* **❾ Le Tholonet ➤ S. 96** mit seinem herrlichen Bouleplatz – solltest du deine *boules* dabeihaben: Spiel eine kleine Runde!

Dann geht es hinauf nach Saint-Antonin-sur-Bayon. Du biegst vor dem Rathaus rechts ab und nimmst einen kleinen Feldweg in schlechtem Zustand (langsam fah-

INSIDER-TIPP
Ein Weingut als Gesamtkunstwerk

9 km 15 Min.

❼ Domaine Les Bastides

24 km 25 Min.

❽ Aix-en-Provence

TAG 2

6 km 5 Min.

❾ Le Tholonet

10 km 10 Min.

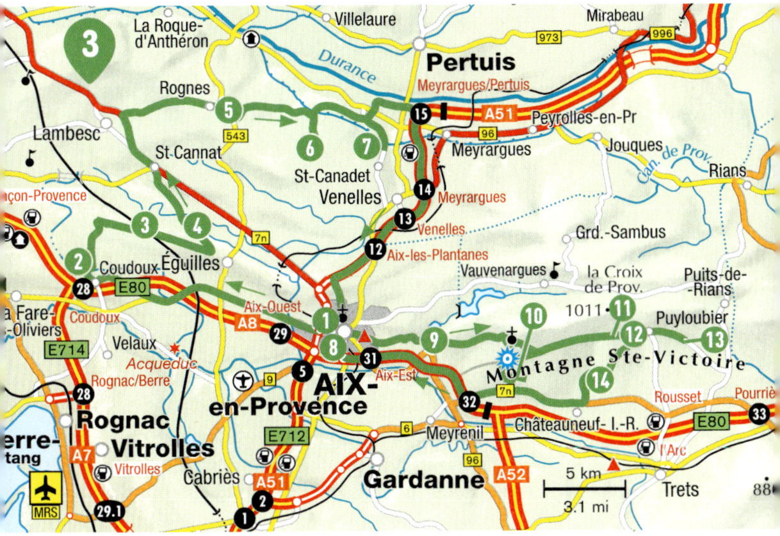

*ren!) in Richtung Les Masques. Nach gut 3 km kommst
du zum Weingut* in einmaliger Lage auf dem Plateau du
Cengle in 550 m Höhe. Die ⑩ **Domaine des Masques**
(Tel. 04 42 12 38 50 | domainedesmasques.com) keltert
sehr gute Weine, produziert eigenes Olivenöl aus Bioanbau und gibt eine eigene Kosmetikserie aus Pflanzen des Naturschutzgebiets heraus.

⑩ **Domaine
des Masques**

10 km   10 Min.

Zurück auf der D 17, fährst du weiter in Richtung Osten,
wo du neben dem von der Gemeinde modernisierten
Relais de Saint-Ser an der Flanke des Gebirges die ar-
chitektonisch schöne ⑪ **Domaine de Saint-Ser** *(Tel.
04 42 66 30 81 | saint-ser.com)* findest, die regelmäßig
Kunstausstellungen im Weingut mit Bioanbau organisiert.

⑪ **Domaine de
Saint-Ser**

2 km   5 Min.

KURIOS: WEINE VON DER FREMDENLEGION
Von hier ist es nur ein Katzensprung nach Puyloubier,
wo du dein Auto am besten am Ortseingang auf dem
Parkplatz der Kooperative der ⑫ **Vignerons du Mont
Saint-Victoire** *(Tel. 04 42 66 32 21 | vigneronssaintevic
toire.fr)* parkst. Hier gibt es preisgünstigen Wein der
Appellation Sainte-Victoire. Die Winzer der Genossen-

⑫ **Vignerons du
Mont Saint-Victoire**

3 km   40 Min.

⓭ Domaine Capitaine Danjou

6 km 40 Min.

⓮ Domaine Richeaume

22 km 25 Min.

❶ Aix-en-Provence

schaft haben einen interessanten, insgesamt 13 km langen **Weinlehrpfad** (mit einer kürzeren, rund 5 km langen Variante) eingerichtet, der z. B. zum Invalidenheim der Fremdenlegion führt, der **⓭ Domaine Capitaine Danjou** *(Museum und Boutique tgl. 10–12 und 14–17 Uhr | legion-boutique.com).* Dort, auf dem Gelände am östlichen Ende des Dorfs, produzieren die Söldner im Wiedereingliederungsprogramm nicht nur kunstvoll gebundene Bücher, sondern auch Wein, der in der Kooperative gekeltert, aber mit dem Etikett der Legion verkauft wird.

Zum Abschluss und Höhepunkt der Tour *fährst du von Puyloubier über die D 57 zur* **⓮ Domaine Richeaume** *(Tel. 04 42 66 31 27 | domaine-richeaume.com),* einem Hof, der schon zu Römerzeiten existiert hat. Dort produziert die aus Deutschland stammende Familie Hoesch im biodynamischen Anbau seit Jahrzehnten mit die besten (aber auch relativ teuren) Weiß- und Rotweine der Provence. *Über die D 7N kommst du schließlich am schnellsten wieder nach* **❶ Aix-en-Provence** *zurück.*

Hinter den Weinfeldern bei Puyloubier glüht die Sainte-Victoire in der Abendsonne

❹ MIT DEM FAHRRAD DURCH DIE CAMARGUE

- ➤ Mitten durch den Sumpf radeln
- ➤ Stierherden auf ihren riesigen Weiden beobachten
- ➤ Rosa Flamingos von ganz Nahem erleben

📍 Radverleih Taco and Co in Arles

🏁 Radverleih Taco and Co in Arles

🔄 rund 50 km

🚲 1 Tag, reine Fahrzeit 3–4 Stunden

ℹ️ Wenn der Mistral mit Böen bis zu 100 km/h über die Camargue fegt, ist die Tour kein Vergnügen. Vorsicht im Hochsommer auf der D 570, wenn viele Wohnmobile und Wohnwagen unterwegs sind. Es gibt auf mehreren Abschnitten keinen sicher von der Straße abgeteilten Radweg.

Ausgangspunkt ist der ❶ **Radverleih Taco and Co in Arles** *(Av. Paulin Talabot | Tel. 04 82 75 73 45 | tacoandco. fr) direkt am Bahnhof. Mit dem Rad fährst du vor bis zum Rhônekai (Chemin des Segonnaux, später Rue Marius Jouveau) und rollst immer am Fluss entlang, bis es unter einer Brücke hindurchgeht; dahinter biegst du in die Rue Élie Giraud ab. Auf der Rue Anatole France angekommen, überquerst du auf dem Pont de Trinquetaille die Rhône. Am rechten Ufer der Rhône geht es auf der Avenue de la Camargue stadtauswärts und am großen Kreisverkehr auf der Route de Gimeaux in Richtung Gimeaux.*

FÜR HUNGRIGE EIN FRÜHES MITTAGESSEN

Dieser kleinen, sehr wenig befahrenen Straße folgst du immer geradeaus, bis nach 5 km das Schild „du mas du tort/maximal 9 t" kommt. Dort biegst du links ab und gleich wieder rechts in die C 113 (Chemin de Palunlongue). Ab dort bleibst du immer auf dem asphaltierten Hauptverlauf der Straße, bis diese nach 6 km auf die D 37 stößt. Dort geht es nach links in Richtung Albaron/

❶ Radverleih Taco and Co in Arles

21 km   1½ Std.

❷ Le Flamant Rose

6 km 25 Min.

❸ Domaine Paul Ricard Méjanes

12 km 50 Min.

Saintes-Maries. Wer jetzt schon Hunger hat, findet im Ort das Hotelrestaurant ❷ Le Flamant Rose *(Sept.–Juli Mi geschl. | Tel. 04 90 97 10 18 | leflamantrose.com | €–€€).*

EINE SCHNAPSFABRIK ALS NATURERLEBNISZENTRUM

Für die Fortsetzung der Tour geht es nach Überqueren der D 570 schräg gegenüber auf der D 37 weiter, die zur ❸ Domaine Paul Ricard Méjanes *(mejanes-camargue. fr)* des südfranzösischen Pastiskönigs führt. Die Domaine ist heute einer der größten Reisproduzenten in Südfrankreich. Außerdem züchtet die Pastisfabrik hier Stiere und die berühmten weißen Pferde der Camargue. Nicht zuletzt aber ist die Domaine ein Schaufenster für Naturschutz und Tourismus. Ein knapp 3 km langer Lehrpfad zeigt die verschiedenen Landschaften der Camargue wie die salzüberzogenen *sansouires* oder die Schilfwälder an den Kanälen und bringt dich in die Nähe von Stieren, Pferden und Flamingos. Ein Bummelzug fährt durchs Gelände, es gibt eine Cafeteria

Ein Lehrpfad auf der Domaine Ricard führt dich mit etwas Glück ganz nah an die Flamingos

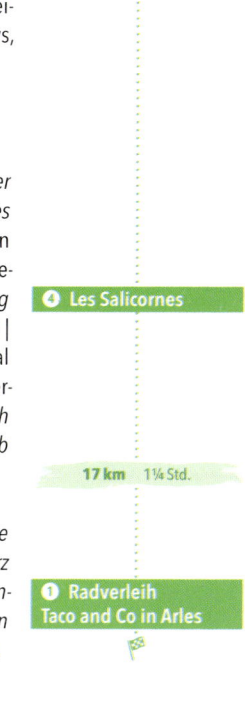

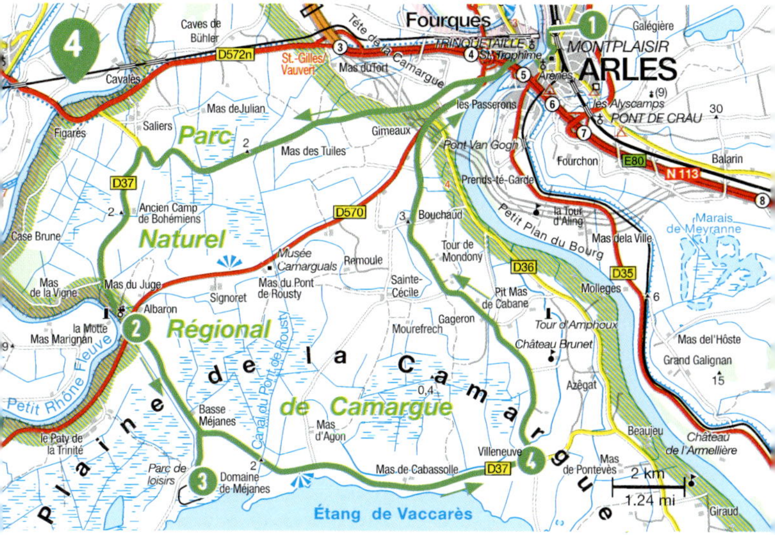

und zwei Restaurants. Und lass dir hier das Erlebnis eines Ausritts nicht entgehen! Kinder können auf Ponys, Erwachsene auf Pferden ausreiten.

AUF NEBENSTRÄSSCHEN ZURÜCK RICHTUNG ARLES

Für die Rückfahrt empfiehlt sich die *Weiterfahrt auf der D 37 am Nordufer des Binnensees Étang de Vaccarès* mit einer kurzen Pause an der Beobachtungsstation *(observatoire)* rund 5 km östlich der Domaine. In Villeneuve kannst du dich im ❹ Les Salicornes *(Mo-Mittag und außer Do–Sa abends geschl. | Tel. 04 90 54 18 76 | €)* in der ehemaligen Kirche des Weilers noch einmal mit einem Mittagessen oder Snacks und Getränken versorgen. *Dann biegst du nach links auf die D 36b nach Gageron ab, fährst bis ins Dorf und biegst dort links ab in die C 130 (Route de Bouchaud à Gageron).*

Nach knapp 7 km mündet dieses Sträßchen auf die D 570, der du nach rechts in Richtung Arles folgst. Kurz darauf erreichst du den schon von der Hinfahrt bekannten Kreisverkehr. Von dort geht es auf dem gleichen Weg zurück zum ❶ Radverleih Taco and Co in Arles.

❹ Les Salicornes

17 km 1¼ Std.

❶ Radverleih Taco and Co in Arles

GUT ZU WISSEN

DIE BASICS FÜR DEINEN URLAUB

ANKOMMEN

ANREISE

Aus Deutschland erreicht man die Provence am schnellsten über die A 36, A 39, A 42, A 46 und A 7 (Mulhouse–Besançon–Bourg-en-Bresse–Ostumfahrung Lyon–Valence) oder durch die Schweiz über Lausanne–Genf–Lyon.

Der reservierungspflichtige TGV *(Train à Grande Vitesse)* braucht für die rund 750 km von Paris nach Marseille nur drei Stunden. Ein anderer TGV fährt direkt aus Deutschland in knapp acht Stunden von Frankfurt über Karlsruhe nach Marseille. Bahnhöfe in der Provence: Avignon, Aix-en-Provence und Marseille. *oui.sncf, bahn.de, tgv-europe.de*

Mit Flixbus und Co. kommst du ebenfalls in die Provence, z. B. ab Frankfurt in ca. 17–21 Stunden. *omio.com*

Der internationale Flughafen von Marseille *(marseille.aeroport.fr)* hat neben den regulären Terminals auch einen Low-Cost-Terminal *(mp2.aeroport.fr)*. Der Flughafen liegt 25 km nordwestlich von Marseille und ist mit direkten Busverbindungen in ca. 30 Minuten von Marseille und Aix zu erreichen (unter 10 Euro). Ein Regionalbahnhof (Verbindungen nach Arles und Avignon) wird von einem kostenlosen Shuttle bedient. Ein Taxi in die Innenstadt kostet um 50 Euro. Mehrere Low-Cost-Airlines fliegen von vielen deutschen Städten außerdem den Flughafen Nizza an, der knapp 200 km östlich von Aix und Marseille liegt.

INFO-WEBSITES

Die Französische Zentrale für Tourismus *(de.france.fr)* präsentiert Informationen in deutscher Sprache und verweist auf Links zu Regionen, Departements und Gemeinden. Die Region Sud-PACA präsentiert sich auf *touris*

Vom Sattel aus – ob Pferd oder Fahrrad – erlebst du die Camargue am intensivsten

mepaca.fr. Die Website des Departements Drôme ist *ladrometourisme.com;* für den in diesem Band behandelten südlichen Teil des Departements gibt es unter *dromeprovencale.fr* spezielle Informationen. Das Vaucluse informiert auf seiner Website *provenceguide.com.* Für Französisch oder Englisch sprechende Liebhaber des Luberon informativ ist die gut gemachte Website *provence-luberon-news.com. myprovence.fr* ist die Website des Departements Bouches-du-Rhône, *alpes-haute-provence.com* diejenige der Alpes-de-Haute-Provence. Informationen über das Departement Gard gibt es auch in deutscher Sprache auf *tourismegard.com,* zur Ardèche und zur nördlichen Provence wirst du auf *fr.rhonealpes-tourisme.com* fündig. Informationen über Marseille gibt es vom Rathaus *(marseille.fr)* und von Lokalausgaben großer Anbieter wie *petitfute.com.*

REISEZEIT

Die beste Reisezeit sind Frühjahr und Herbst. In der Zeit der französischen Sommerferien von Anfang Juli bis Ende August ist die Provence eines der Hauptreiseziele in Frankreich, entsprechend voll ist es dann überall. Die Preise vor allem für Unterkünfte sinken ab Anfang September, wenn für die Franzosen die *rentrée,* also der Alltag nach dem Sommer, beginnt. Die Hitze ist dann nicht mehr so drückend, während die Wassertemperaturen ein Bad im Mittelmeer bis in den Oktober oder November möglich machen.

Sehr empfehlenswert ist auch die Zeit um Pfingsten, wenn die Provence in voller Blumenpracht steht. Auch der Winter ist reizvoll, da es zwar kühl wird, aber meist trocken ist. Bereits im Februar beginnt der Frühling mit der Mandelblüte. Nur wer zur Lavendelzeit kommen möchte, muss im Juni/Juli reisen.

WEITER-KOMMEN

AUTO

Die zulässige Höchstgeschwindigkeit beträgt auf der Autobahn 130, bei Regen 110 km/h, auf National- und Departementsstraßen (N, D) ohne Mittelstreifen 80, sonst 90 km/h, innerorts 50 km/h. Überall sind feste Radaranlagen installiert und schon bei geringen Tempoüberschreitungen werden hohe Geldbußen verhängt. Die Promillegrenze liegt bei 0,5. Sowohl ein Warndreieck als auch eine reflektierende Warnweste gehören zur Pflichtausstattung im Auto.

Die Autobahnen kosten Maut *(péage)*. Pannenhilfe: Abschleppen *(dépanneur-remorqueur)* wird von der Polizei vermittelt, Notrufsäule oder Rufnummer *17*. Nimm die grüne Versicherungskarte mit!

ÖFFENTLICHE VERKEHRSMITTEL

Alle größeren Städte sind tagsüber problemlos mit öffentlichen Verkehrsmitteln zu erreichen. Informationen über Bus- und Bahnverbindungen gibt es bei den Fremdenverkehrsämtern, bei der französischen Bahn SNCF *(oui.sncf, ter.sncf.com/paca)* oder an den Busbahnhöfen *(gare routière)*. In der Hauptverkehrszeit fährt z. B. vom Busbahnhof in Aix-en-Provence alle fünf Minuten ein Bus auf der direkten Route über die Autobahn zum Busbahnhof von Marseille. Eine Alternative ist der Regionalzug TER *(ter.sncf.com/paca)*, der u. a. ebenfalls die beiden größten Städte der Provence miteinander verbindet.

IM URLAUB

BRANDSCHUTZ

Es gibt drastische Sicherheitsvorschriften zum Waldbrandschutz in der Provence – und das aus gutem Grund. Von Anfang Juli bis Mitte September ist der Zugang zu gefährdeten Gebieten stark eingeschränkt; dazu zählen u. a. die Montagne Sainte-Victoire bei Aix-en-Provence, die Calanques zwischen Marseille und Cassis oder die Alpilles. Die Hauptwege dürfen nur morgens von 6 bis 11 Uhr benutzt werden, bei starkem Wind und Trockenheit wird der Zugang ganz verboten. Aktuelle Informationen gibt es unter *Tel. 08 11 20 13 13 (*)* (Bouches-du-Rhône), *04 88 17 80 00* (Vaucluse) bzw. *08 92 68 02 04 (*)* (Alpes-de-Haute-Provence) sowie auf den Websites der Naturparks *(parc-alpilles.fr, calanques-parcnational.fr, grandsitesaintevictoire.com)*.

CAMPING

Es gibt ein riesiges Angebot in allen Preislagen. Eine hilfreiche Website für die Suche ist *campingfrance.com*.

FAHRRADVERLEIH

Mietfahrräder gibt es in Marseille und Avignon. Marseille hat ein günstiges Kurzzeit-Abonnement *(1 Euro/7 Tage | levelo-mpm.fr)*. Damit kannst du unbegrenzt oft ein Rad ausleihen; jeweils die ersten 30 Minuten sind gra-

FESTE & EVENTS
RUND UMS JAHR

ZWEIMAL JÄHRLICH
Feria (Arles), *feriaarles.com* (s. S. 66)

MITTE JANUAR
Cheval Passion (Avignon), *cheval-passion.com)*: fünf Tage Pferde über alles

2. FEBRUAR
Chandeleur (Marseille): Prozession vom Alten Hafen zur Kirche Saint-Victor mit Kerzen, Fackeln und Crèpes

APRIL/MAI
Grands Jeux Romains (Nîmes): drei Tage Römerspiele in der ganzen Stadt

24./25. MAI
Zigeunerwallfahrt (Saintes-Maries-de-la-Mer, Foto)

PFINGSTEN
Feria de Nîmes: Stierkämpfe

JULI
Nationalfeiertag: Feuerwerke im ganzen Land am 13./14. Juli

Les Suds (Arles), *suds-arles.com* (s. S. 66)
Festival d'Aix-en-Provence, *festival-aix.com* (s. S. 95)
Festival d'Avignon, *festival-avignon.com,* und **Festival Off,** *avignonleoff.com* (s. S. 61)

ANFANG JULI-ENDE AUGUST
Chorégies (Orange), *choregies.fr*: Konzerte und Opern im Antiken Theater

ANFANG JULI-MITTE SEPTEMBER
Rencontres d'Arles, *rencontres-arles.com:* Festival für Fotografie

ZWEI WOCHEN IM JULI/AUGUST
Plan B (Marseille) (s. S. 113)

ENDE JULI-ENDE AUGUST
Festival International de Piano (La Roque-d'Anthéron), *festival-piano.com*

MITTE-ENDE OKTOBER
Fiesta des Suds (Marseille), *dock-des-suds.org:* Weltmusik

Das volle Programm: In Avignons Markthalle gibts Provence für Augen, Nase und Gaumen

tis, danach kostet jede halbe Stunde 1 Euro. In Avignon *(velopop.fr)* gibt es einen Tagestarif für 1 Euro, damit kostet jede halbe Stunde 0,50 Euro.

FEIERTAGE

1. Jan.	Neujahr
März/April	Ostermontag
1. Mai	Tag der Arbeit
8. Mai	Kriegsende 1945
Mai/Juni	Christi Himmelfahrt; Pfingstmontag
14. Juli	Nationalfeiertag
15. Aug.	Mariä Himmelfahrt
1. Nov.	Allerheiligen
11. Nov.	Kriegsende 1918
25. Dez.	Weihnachten

GELD & KREDITKARTEN

Geldautomaten findest du so gut wie überall. Die Zahlung mit Kreditkarte – in erster Linie Eurocard und Visa – ist in Frankreich sehr viel mehr verbreitet als in Deutschland, auch für kleine Beträge.

JUGENDHERBERGEN

Für die *auberges de jeunesse (fuaj.org)* in Orten wie Arles, Aix-en-Provence, Marseille oder Fontaine-de-Vaucluse brauchst du den internationalen Jugendherbergsausweis.

ÖFFNUNGSZEITEN

Die Besichtigungszeiten für Sehenswürdigkeiten und Museen ändern sich häufig. Check deshalb, wo möglich, auf der Website, ob die in diesem Reiseführer genannten Angaben zum Zeitpunkt deiner Reise noch aktuell sind, wenn du auf Nummer sicher gehen willst. Auch die meisten Restaurants haben einen Ruhetag pro Woche und nicht alle Hotels sind ganzjährig geöffnet.

Die Geschäfte in den Innenstädten sind im Allgemeinen montags bis samstags von 9 bis 19 Uhr geöffnet; allerdings nehmen manche Ladenbesitzer den Montag oder den Montagvormittag als Schließtag. Die großen *hypermarchés* mit ihren Tankstellen und Boutiquen in den Einkaufszentren vor den Toren der Städte wie Marseille, Aix oder Avignon, aber selbst in Apt, La Ciotat oder Aubagne öffnen montags bis samstags bis 21 oder sogar 22 Uhr und viele auch am Sonntagvormittag. In Plan-de-Campagne zwischen Aix und Marseille, einem der ältesten und größten *centres commerciaux* Frankreichs, sind die Geschäfte auch am Sonntag geöffnet. In den Städten verkaufen zudem viele Bäckereien, Metzgereien und Lebensmittelgeschäfte auch am Sonntagvormittag ihre Waren.

POST

Postkarten und Briefe bis 20 g in EU-Länder und die Schweiz kosteten bei Redaktionsschluss 1,30 Euro Porto. Briefmarken bekommt man häufig auch im Tabakgeschäft oder beim Kauf der Postkarte.

PRIVATUNTERKUNFT

In der Provence sind private Gästezimmer eine oft preiswerte Alternative zu Hotels. Relativ strenge Normen gelten für die *chambres d'hôtes* der *Gîtes de France* (Tel. 08 26 10 44 44 (*) | gites-de-france.com). Inzwischen gibt es sogar einen Anbieter für Reservierungen in letzter Minute: *Allo Chambres d'Hôtes* (Tel. 08 26 04 01 00 (*)). Die lokalen Fremdenverkehrsämter führen weitere Adressen für die französische Version des Bed & Breakfast. Weitere Dachverbände für Gästezimmer in Südfrankreich sind *Fleurs de Soleil (fleursdesoleil.fr)* oder *Clévacances (clevacances.com)*. Sehr beliebt sind in Frankreich Ferienwohnungen auf dem Land *(gîte rural)* oder für Gruppen *(grands gîtes)*, die oft erst ab einer Mietzeit von einer Woche gebucht werden können. Der größte französische Anbieter für Ferienimmobilien ist *Pierre & Vacances (pierre-et-vacances. de)*, zu den großen deutschen Anbietern gehören *Inter-Chalet (interchalet. com)*, *Atraveo (atraveo.de)* oder *Marion Kutschank (ferienhaus.com)*. Eine große Auswahl an privaten Ferienwohnungen in der Provence, die im Normalfall für mindestens eine Woche vermietet werden, gibt es unter*homelidays.com*.

WAS KOSTET WIE VIEL?	
Kaffee	um 2,70 Euro *für eine große Tasse café crème*
Sandwich	um 3,50 Euro *für ein Käsebaguette*
Wein	um 6 Euro *für eine Karaffe (0,25 l)*
Mitbringsel	um 2,50 Euro *für einen Würfel Olivenölseife aus Marseille*
Benzin	um 1,50 Euro *für 1 l Super 95*
Fahrrad	um 15/35 Euro *für ein Mietrad/ E-Bike pro Tag*

Kreditkartenzahlung ist sehr verbreitet – aber natürlich nicht beim Marktbummel

TELEFON & HANDY

Vorwahl nach Deutschland *0049*, nach Österreich *0043*, in die Schweiz *0041*. Nach Frankreich wählt man *0033*, dann direkt die Teilnehmernummer, jedoch ohne die Null am Anfang. Es gibt drei große Mobilfunkanbieter: SFR *(sfr.fr)*, Orange *(orange.com)* und Bouygues *(bouyguestelecom.fr)*.

TRINKGELD

In Bezug auf Trinkgeld *(pourboire)* gelten in Frankreich im Wesentlichen die-

selben Gepflogenheiten wie zu Hause. Allerdings lässt man sich zunächst immer das vollständige Wechselgeld herausgeben und lässt etwaiges Trinkgeld dann auf dem Tisch bzw. auf dem Münzteller liegen.

TRINKWASSER

Das Leitungswasser in der Provence genießt einen hervorragenden Ruf und kann ohne Bedenken getrunken werden. In Restaurants begnügen sich viele Einheimische mit einer selbstverständlich gratis servierten *carafe d'eau* und verzichten auf teures Mineralwasser.

INSIDER-TIPP
Wasser marsch!

ZEITUNGEN

Die größte regionale Tageszeitung ist La Provence mit einem umfangreichen Veranstaltungskalender in der Beilage Sortir mittwochs und Ausflugstipps in der Beilage Femina samstags.

ZOLL

In der EU dürfen Waren für den persönlichen Bedarf frei ein- und ausgeführt werden. Richtwerte hierfür sind u. a. 800 Zigaretten und 10 l Spirituosen. Für Schweizer gelten wesentlich geringere Freimengen.

NOTFÄLLE

DIPLOMATISCHE VERTRETUNGEN

– *Deutsches Konsulat in Marseille (10, Place de la Joliette | Tel. 04 91 16 75 20 | allemagne.diplo.de)*

– *Österreiches Konsulat in Marseille (10, Rue Stanislas Torrents | Tel. 06 42 14 85 58 | bmeia.gv.at)*
– *Schweizer Konsulat in Marseille (7, Rue d'Arcole | Tel. 04 96 10 14 10 | eda. admin.ch/marseille)*

GESUNDHEIT

Deutsche und österreichische Versicherte können die französische Krankenversicherung in Anspruch nehmen. Sie müssen zunächst für medizinische Hilfe bezahlen, bekommen Auslagen dann aber nach den Sätzen des Heimatlands erstattet. Die einheitliche European Health Insurance Card (EHIC) wird von vielen Ärzten in der Provence (noch) nicht akzeptiert, weil die französischen Kartenlesegeräte nur auf einheimische Karten reagieren. In vielen Fällen lohnt sich weiter-

GRÜN & FAIR REISEN

Du willst beim Reisen deine CO_2-Bilanz im Hinterkopf behalten? Dann kannst du deine Emissionen kompensieren *(atmosfair. de; myclimate.org)*, deine Route umweltgerecht planen *(routerank. com)* oder auf Natur und Kultur *(gate-tourismus.de)* achten. Mehr über ökologischen Tourismus erfährst du hier: *oete.de* (europaweit); *germanwatch.org* (weltweit).

hin eine Auslandskrankenschutzversicherung.

NOTRUF

Polizei *(police secours)*, Krankenwagen *(SAMU)*, Feuerwehr *(pompiers)* Tel. 1 12

WETTER IN MARSEILLE

Hauptsaison
Nebensasion

	JAN.	FEB.	MÄRZ	APRIL	MAI	JUNI	JULI	AUG.	SEPT.	OKT.	NOV.	DEZ.
Tagestemperaturen	10°	12°	15°	18°	22°	26°	29°	28°	25°	20°	15°	11°
Nachttemperaturen	2°	2°	5°	8°	11°	15°	17°	17°	15°	10°	6°	3°
Sonnenschein Stunden/Tag	4	5	6	8	10	10	12	10	8	6	5	4
Niederschlag Tage/Monat	7	7	6	5	6	4	2	3	4	5	4	5
Wassertemperatur	12°	12°	13°	13°	15°	18°	21°	21°	20°	18°	16°	14°

☀ Sonnenschein Stunden/Tag   🌂 Niederschlag Tage/Monat   ≋ Wassertemperatur

SPICKZETTEL
FRANZÖSISCH

ja/nein/vielleicht	oui/non/peut-être	ui/nong/pöhtätr
bitte	s'il vous plaît	ßil wu plä
danke	merci	märßih
Gute(n) Morgen!/Tag!/Abend!/Nacht!	Bonjour!/Bonjour!/Bonsoir!/Bonne nuit!	bongschuhr/bongschuhr/bongßoar/bonn nüi
Hallo!/Tschüss!/Auf Wiedersehen!	Salut!/Salut!/Au revoir!	ßalü/ßalü/o rövoar
Ich heiße …	Je m'appelle …	schö mapäll …
Ich komme aus …	Je suis de …	schö süi dö …
Entschuldigung!	Pardon!	pardong
Wie bitte?	Comment?	kommang
Das gefällt mir (nicht).	Ça (ne) me plaît (pas).	ßa (nö) mö plä (pa)
Ich möchte …	Je voudrais …	schö wudrä
Haben Sie?	Avez-vous?	aweh wu

ZEIGEBILDER

ESSEN & TRINKEN

Die Speisekarte, bitte.	La carte, s'il vous plaît.	la kart ßil wu plä
Könnte ich bitte … haben?	Puis-je avoir … s'il vous plaît?	püischö awoar … ßil wu plä
Flasche/Karaffe/Glas	bouteille/carafe/verre	buteij/karaf/wär
Messer/Gabel/Löffel	couteau/fourchette/cuillère	kutoh/furschät/küijär
Salz/Pfeffer/Zucker	sel/poivre/sucre	ßäl/poawr/ßükr
Essig/Öl	vinaigre/huile	winägr/üil
Milch/Sahne/Zitrone	lait/crème/citron	lä/kräm/ßitrong
mit/ohne Eis/Kohlensäure	avec/sans glaçons/gaz	awäk/ßang glaßong/gaß
Vegetarier(in)	végétarien(ne)	weschetarijäng/weschetarijänn
Ich möchte zahlen, bitte.	Je voudrais payer, s'il vous plaît.	schö wudrä pejeh ßil wu plä

NÜTZLICHES

Wo ist …?/Wo sind …?	Où est …?/Où sont …?	u ä …/u ßong …
Wie viel Uhr ist es?	Quelle heure est-il?	käl ör ät il
heute/morgen/gestern	aujourd'hui/demain/hier	oschurdüi/dömäng/jähr
Wie viel kostet …?	Combien coûte …?	kombjäng kuht …
Wo finde ich einen Internetzugang/WLAN?	Où puis-je trouver un accès à internet/wi-fi?	u püische truweh äng akßä a internet/wifi
Hilfe!/Achtung!	Au secours!/Attention!	o ßökuhr/attangßjong
Fieber/Schmerzen	fièvre/douleurs	fiäwrö/dulör
Apotheke/Drogerie	pharmacie/droguerie	farmaßi/drogöri
offen/geschlossen	ouvert/fermé	uwär/färmeh
gut/schlecht	bon/mauvais	bong/mowä
links/rechts/geradeaus	à gauche/à droite/tout droit	a gohsch/a droat/tu droa
Panne/Werkstatt	panne/garage	pann/garahsch
Fahrplan/Fahrschein	horaire/billet	orär/bije
0/1/2/3/4/5/6/7/8/9/ 10/100/1000	zéro/un, une/deux/ trois/quatre/cinq/six/ sept/huit/neuf/dix/ cent/mille	sero/äng, ühn/döh/ troa/katr/ßänk/ßiß/ ßät/üit/nöf/diß/ßang/ mil

URLAUBS FEELING
ZUM EINSTIMMEN & AUSKLINGEN

LESESTOFF & FILMFUTTER

TOTAL CHEOPS/CHOURMO/SOLEA

Fabio Montale ist Polizist und er macht vor, wie man in Marseille mit Connections weiterkommt. Die Krimitrilogie von Jean-Claude Izzo (1945–2000) aus den 1990er-Jahren ist gleichzeitig eine Liebeserklärung an die Stadt.

ZWISCHEN BOULE UND BETTENMACHEN: MEIN LEBEN IN EINEM SÜDFRANZÖSISCHEN DORF

Du magst es lieber leicht, lustig und ländlich? Christiane Dreher hat in dem humorvollen Band 2009 ihre eigenen Erfahrungen und skurrilen Begegnungen mit Leuten und Sitten in der Provence zusammengefasst.

EIN SOMMER IN DER PROVENCE

Wie Jean Reno als launiger Opa vom Land während der Ferien seine Enkel bespielt, zeigt Roselyne Boschs beschwingter Film von 2014.

TAXI

Okay, es ist nur Kriminalklamauk, aber der Film von 1998 und seine Sequels haben in Frankreich definitiv Kultstatus! Luc Besson hat seiner Phantasie freie Fahrt auf Marseilles Straßen erlaubt.

PLAYLIST QUERBEET

0:58

II MASSILIA SOUND SYSTEM – DIMANCHE AUX GOUDES
Reggae gemischt mit Rub-a-Dub, das Ganze auf Französisch und Provenzalisch

▶ KENY ARKANA – MARSEILLE
Die vielleicht politischste Rapperin Marseilles

▶ SOPRANO – MARSEILLE C'EST …
Marseiller Rap vom Feinsten vom Solosänger

▶ MOUSSU T E LEI JOVENTS – À LA CIOTAT
Liebeserklärung einer frankobrasilianischen Gruppe an die Kleinstadt mit entsprechenden musikalischen Einflüssen

▶ SISKA – NEED U BADLY
Die Sängerin lebt in Marseilles Stadtviertel Les Goudes

▶ IAM – MARSEILLE LA NUIT
Die erste richtig erfolgreiche Hip-Hop-Band aus Marseille

Den Soundtrack zum Urlaub gibt's auf **Spotify** unter **MARCO POLO France**

Oder Code mit Spotify-App scannen

AB INS NETZ

JUST-MARSEILLE.COM
Du wolltest immer schon mal auf den Spuren eines Romanhelden wandeln? Dann hat Natalie Meissner das Richtige für dich: Auf literarischen Stadtrundgängen lässt sie dich auf echte Marseiller und versteckte Insiderorte treffen, um dir dabei alte und neue Geschichte(n) der Stadt zu erzählen.

LA FOURCHETTE
Wenn du ähnlich viel Wert auf gute Küche legst wie viele Franzosen, ist das deine App (auf Englisch und Französisch)!

BROCABRAC
Mit dieser App (auf Französisch) entgeht dir kein Floh- oder Antiquitätenmarkt in deiner Nähe.

CINÉ PACA
Mit dieser App auf Französisch tingelst du auf den Spuren jeglicher Filmdrehs durch die Provence, Archivmaterial, Filmplakate etc. inklusive.

SORTIR EN PROVENCE
Auch im Urlaub wissen, wann wo was los ist? Mit dieser App der Zeitung La Provence verpasst du kein lokales Event.

TRAVEL PURSUIT
DAS MARCO POLO URLAUBSQUIZ

Weißt du, wie die Provence tickt? Teste hier dein Wissen über die kleinen Geheimnisse und Eigenheiten von Land und Leuten. Die Lösungen findest du in der Fußzeile. Und ganz ausführlich auf den S. 18–23.

❶ **Wann muss man beim Pétanque einen nackten Frauenhintern küssen?**
a) Wenn man beim Werfen der Kugel nicht mit beiden Beinen fest auf dem Boden *(pieds tanqués)* stand
b) Wenn man die Partie 0:13 verloren hat
c) Wenn man das *cochonnet,* also die Zielkugel, getroffen hat

❷ **Welche Aussage über den Mistral trifft nicht zu?**
a) Er ist ein kalter Fallwind und erreicht Geschwindigkeiten bis zu 150 km/h
b) Er fegt vom Mittelmeer das Rhônetal hinauf und bringt feuchte Schwüle
c) Er sorgt für wolkenlosen, blauen Himmel

❸ **Die provenzalische Sprache wurde vor allem verbreitet durch**
a) Die Römer
b) Die Hugenotten
c) Die Troubadoure

❹ **In welcher Stadt hat Paul Cézanne hauptsächlich gelebt und gemalt?**
a) Aix-en-Provence
b) Avignon
c) Arles

❺ **Was kannst du im Hochsommer in Aubagne bewundern?**
a) Einen Lebkuchenmarkt mit zahlreichen Verkostungsständen
b) Weihnachtskrippen
c) Eine Wintersportmesse mit den neuesten Trends und Accessoires

Stets bevölkert, außer wenn der Mistral bläst: Caféterrassen in Aix

*Zur Linderung von mäßig
ausgeprägten entzündlichen Hauterkrankungen*

Jetzt einpacken!

FeniHydrocort – das Multitalent bei

- *Entzündeten Insektenstichen*
- *Sonnenallergie*
- *Leichtem Sonnenbrand*
- *Kontaktallergie*

FeniHydrocort Creme 0,5 % Wirkstoff: Hydrocortison. **Anwendungsgebiete:** Zur Linderung von mäßig ausgeprägten entzündlichen Hauterkrankungen. **Warnhinweis:** Enthält Cetylstearylalkohol und Kaliumsorbat. **Apothekenpflichtig.** Stand: 09/2017. **Zu Risiken und Nebenwirkungen lesen Sie die Packungsbeilage und fragen Sie Ihren Arzt oder Apotheker.**

Marken sind Eigentum der GSK Unternehmensgruppe oder an diese lizenziert. ©2020 GSK oder Lizenzgeber.

CHDE/CHFENI/0050/19 – 20191120

REGISTER

LOB ODER KRITIK? WIR FREUEN UNS AUF DEINE NACHRICHT!

Trotz gründlicher Recherche schleichen sich manchmal Fehler ein. Wir hoffen, du hast Verständnis, dass der Verlag dafür keine Haftung übernehmen kann.

MARCO POLO Redaktion • MAIRDUMONT • Postfach 31 51 73751 Ostfildern • info@marcopolo.de

Impressum
Titelbild: Banon (huber-images: C. Dörr)
Fotos: W. Dieterich (8, 26/27, 27, 42, 54/55, 93); DUMONT Bildarchiv: E. Fleisher (95); Feldhoff/Martin (77); huber-images: J. Banks (2/3, 19, 59, 138), Eiben (91), H.-G. Eiben (79), C. Irek (Klappe hinten), S. Kremer (12/13), S. Raccanello (72/73, 88/89, 98/99, 103, 130), L. Vaccarella (62); H. Krinitz (6/7, 9, 31, 34, 38/39, 53, 68, 70, 96, 118/119, 135); Laif: M. Colin (112), J. Frumm (49), P. J. (94), Raach (30/31); Laif/hemis.fr (67, M. Cavalier (121), F. Chaput (86/87), Frumm (106), B. Gardel (Klappe vorne außen, Klappe vorne innen, 1, 123), F. Guiziou (45), H. Hughes (84), C. Moirenc (32/33, 82/83, 109); Laif/Le Figaro Magazine: P. Wallet (104); Laif/REA: R. Beurrier (111); mauritius images: U. Siebig (116), R. Truffy (132/133); mauritius images/age (11); mauritius images/Alamy (24/25, 81, 117, 128), J. Knott (46/47); mauritius images/Alamy/parkerphotography (136); mauritius images/Hemis.fr: M. Camille (20, 23); mauritius images/hemis.fr: J. Gardel (14/15), P. Jacques (142/143); mauritius images/Prisma: R. E. Kunz (51); mauritius images/robertharding: J. Banks (144); mauritius images/Westend61: L. Tichane (10); D. Schmidt (147)

15. Auflage 2020, komplett überarbeitet und neu gestaltet
© MAIRDUMONT GmbH & Co. KG, Ostfildern
Autoren: Peter Bausch, Dorothea Schmidt; Redaktion: Nikolai Michaelis; Bildredaktion: Gabriele Forst
Kartografie: © MAIRDUMONT, Ostfildern (S. 36–37, 120, 123, 127, 131, Umschlag außen, Faltkarte);
© MAIRDUMONT, Ostfildern, unter Verwendung von Kartendaten von OpenStreetMap, Lizenz CC-BY-SA 2.0 (S. 40–41, 56–57, 60, 65, 74–75, 90, 100–101, 114). Als touristischer Verlag stellen wir bei den Karten nur den De-facto-Stand dar. Dieser kann von der völkerrechtlichen Lage abweichen und ist völlig wertungsfrei.
Gestaltung Cover, Umschlag und Faltkartencover: bilekjaeger_Kreativagentur mit Zukunftswerkstatt, Stuttgart
Gestaltung Innenlayout: Langenstein Communication GmbH, Ludwigsburg
Spickzettel: in Zusammenarbeit mit PONS GmbH, Stuttgart
Texte hintere Umschlagklappe: Lucia Rojas
Konzept Coverlines: Jutta Metzler, bessere-texte.de

Printed in China

MIX
Paper from responsible sources
FSC® C124385

MARCO POLO AUTORIN
DOROTHEA SCHMIDT
Liebe auf den ersten Blick zwischen einer Hamburger Deern und einer temperamentvollen mediterranen Schönheit: Die Beziehung zwischen unserer Autorin und der Stadt Marseille hält schon seit über zehn Jahren und hat auch den fortlaufenden Relaunch der Stadt überlebt. Und obwohl die Reiseleiterin auch viele andere Regionen Frankreichs kennengelernt hat, ist sie der Provence immer treu geblieben.

BLOSS NICHT!

FETTNÄPFCHEN UND REINFÄLLE VERMEIDEN

STADTSPAZIERGANG IN BADEHOSE

In Badekleidung und mit übergeworfenem Handtuch durch die Städte zu wandern, wird nirgendwo gern gesehen. Die Zeit fürs Umziehen nach dem Strandbesuch solltest du dir nehmen.

EINFACH EINEN TISCH AUSSUCHEN

Im Restaurant wird man platziert: Du wartest am Eingang, bis der Service dir einen Tisch anbietet. Gefällt dir der nicht, bittest du um einen anderen. Wer sich selber einen Tisch sucht, läuft Gefahr, dass man ihn lange – gewollt oder ungewollt – ignoriert.

PROVENCE UND CÔTE D'AZUR VERWECHSELN

Du möchtest den Einheimischen an der Küste sagen, wie sehr es dir hier gefällt? Super! Um zu verhindern, dass du ins Fettnäpfchen trittst, bedenke: Du bist in der Provence und nicht an der Côte d'Azur! Es gibt zwar keine konkrete Grenze, aber die Côte d'Azur beginnt etwa ab Toulon oder – spätestens – Saint-Tropez.

WILD CAMPEN

So verlockend ein Plätzchen in freier Natur sein mag, um ein Zelt aufzustellen oder das Wohnmobil zu parken – französische Grundbesitzer sehen das nicht gern. Viele Gemeinden haben Stationen für Wohnmobile eingerichtet und an Zeltplätzen in herrlicher Lage fehlt es auch nicht.

SORGLOS MIT FEUER UMGEHEN

Tausende Hektar Landschaft werden jeden Sommer in Staub und Asche gelegt. Schuld sind oft Unvorsichtige oder Gedankenlose, die die Zigarettenkippe aus dem Auto schnippen oder im Wald ein Lagerfeuer anzünden. Halte dich an die Verbote, wenn im Hochsommer Gebiete wegen Feuergefahr gesperrt sind.